Appunti di Analisi della Realtà

Giulio Romano Carlo

2019

Introduzione

"L'ideologia non è un'illusione come disse Marx. Essa rappresenta la più alta forma di pensiero dell'uomo con la volontà di potersi inserire nella società. Le idee hanno portato l'uomo a progredire culturalmente e scientificamente, in un continuo divenire attraverso la volontà di poter costruire positività per i propri simili, assicurando un futuro alla comunità in cui vive".

Questa mia concezione definisce come l'uomo, attraverso il pensiero, mediante il proprio "credo", i propri ideali riesca continuamente a creare un flusso di mutamento nella realtà. Ogni aspetto, questione, oggetto che ci circonda viene mosso in funzione del pensiero umano e della concretizzazione della propria coscienza. Nella società, avere un'ideologia significa credere in determinati principi, riflettere, essere curiosi e voler indagare continuamente nel mondo. L'ideologia che racchiude il pensiero umano su ciò che accade continuamente nella società, è l'ideologia politica, aspetto ontologico che rende l'uomo partecipe della realtà e delle proprie scelte, definite dalla volontà e dalle proprie azioni. La politica è una modalità per poter adeguatamente rendere atto, conducendo un pensiero su una determinata comunità, riflettere, prendere decisioni per il bene stesso dei propri "simili". Decisioni che non devono essere influenzate dall'egoismo individualista, principi che devono essere messi in atto, insieme ed evitare che siano messi in gioco interessi personali. Avere un idea politica, è un concetto molto importante e significativo, significa attivare il proprio pensiero per rendere la propria persona partecipe nella società attraverso l'azione. La distinzione più netta, è fra l'ideologia politica di "destra" e l'ideologia politica di "sinistra". Al termine della Rivoluzione Francese, è nato nella società europea, il concetto di associare la sinistra al progressismo e all'intelletto mentre alla destra, il conservatorismo e "l'ignoranza". Filosoficamente parlando, credere nell'ideale di destra significa per principio condurre una politica che protegga i propri valori, i propri pensieri, le proprie origini. Entrare in contatto con una forma di individualismo che renda tutti uniti in un rapporto di rispetto e di sicurezza interiore. Significa anche comprendere qual è il bene reale per l'essere umano, che viene protetto attraverso questo dualismo che ha sempre caratterizzato il pensiero politico di destra "conservatorismo culturale" e "individualismo esteso". Nel secondo concetto, tutti gli individui si sentono partecipi in unico pensiero volto a proteggere la propria identità e la propria cultura, non dovendo per forza appartenere ed identificarsi in modelli differenti di pensiero e di costume.

Al contrario, l'ideologia politica di sinistra, per quanto sia associata ad un continuo progressismo, non è politicamente un'oggettivazione stabile. Il bisogno di progredire continuamente è dovuto ad un senso di frustrazione dell'uomo, un'insicurezza dovuta alla mancata accettazione di aspetti della realtà che devono continuamente mutare, creando disparità e tristi disuguaglianze sociali e culturali. Tale pensiero politico appartiene alla categoria dell'egoismo, un uomo che deve continuare mutare, cambiare la realtà per non stare al passo con gli altri, senza poter comprendere che determinati valori e principi appartengono da sempre al genere umano, essendo insiti nella coscienza sociale dell'individuo. L'ideologia pseudo-progressista della sinistra, non si accontenta di voler mutare continuamente, ma pretende di applicare i propri modelli a persone che hanno un pensiero socio-politico differente, è questa la realtà dell'egoismo e della reale "costrizione psico-sociale",(la devi pensare come me o sei sbagliato).

Pensare la sovranità nazionale: lo Stato secondo Hegel

Nell'Enciclopedia delle Scienze Filosofiche, una delle ultime opere di **Hegel** che racchiude la "Logica", "La Filosofia della Natura" e "La Filosofia dello Spirito" oltre alla tripartizione dialettica, caratteristica del pensiero hegeliano, è presente la concezione dello Stato secondo il massimo idealista tedesco.

Lo Stato hegeliano

Lo Stato Hegeliano, che fa la sua comparsa nella "Filosofia dello Spirito Oggettivo", viene inteso come la rappresentazione politico-pratica dell'Assoluto nella realtà sociale, quasi come "Dio sceso in terra" riprendendo il nucleo teorico del filosofo assolutista Thomas Hobbes.

Secondo Hegel, l'uomo non è che una "misera" unità individuale che non trova **alcun significato di esistenza nella realtà se non che all'interno dello Stato**: esso assume una connotazione particolare in quanto nonostante debba avere una posizione autoritaria, di massima potenza nei confronti dell'uomo si differenzia dallo Stato Assoluto hobbesiano al quale non è applicabile il sistema politico della democrazia rappresentativa, il conseguente **principio della sovranità popolare**, ove "solamente il popolo detiene nella società civile il potere politico".

Hegel applica la tripartizione dialettica anche al suo modello statuale, sostenendo che il potere giudiziario, il potere legislativo ed il potere esecutivo debbano essere distinti fra loro. **Non è a favore però di una legislazione internazionale** o sovranazionale che regoli i rapporti fra i vari Stati per questo sostiene che l'unico "giudice" dei rapporti che debbono vigere fra nazioni differenti non è altro che la guerra. Le apparenti contraddizioni di Hegel rimandano a pensare al suo modello, per certi versi democratico e per altri totalmente anti-democratico.

I punti a "favore" di un Hegel democratico sono:

– **Tripartizione dialettica dei poteri** nello Stato;

– Società civile distinta dallo Stato, suddivisioni fra ruoli sul piano economico e sul piano sociale.

I punti a "favore" di un Hegel anti-democratico sono:

– Stato che assume una posizione di massima posizione rispetto all'uomo, l'essere umano trova la sua esistenza all'interno dello Stato ma non può prendere decisioni, deve solamente obbedire alle leggi e mettere le proprie funzioni al servizio dello Stato-Ragione (Hegeliano), **non vi è alcuna democrazia né diretta, né rappresentativa nel sistema politico teorizzato da Hegel**;

– Il popolo, l'insieme degli esseri umani, non detiene alcun potere nei riguardi dello Stato, risulta quindi difficile inquadrare Hegel nelle categorie del sovranismo: secondo l'idealista **l'unico sovrano nella realtà è lo Stato** e non l'essere umano;

– Mancanza di una legislazione internazionale, di un insieme di norme giuridiche che costituiscano un ordinamento sovranazionale fra i diversi Stati europei. A differenza di Kant, Hegel è molto più radicale ed il suo pensiero politico è totalmente ascrivibile come statalista e per certi versi anti-democratico, in quanto nell'ambito politico per Hegel **lo Stato rappresenta qualunque oggettivazione del reale**.

Hegel sovranista?

Rapidamente sono anche queste le motivazioni per le quali è arduo collocare il pensiero di Hegel in una prospettiva politica: il potere, ogni forma di autorità era nella

Ragione, nell'Assoluto che diveniva Stato nell'ambito politico o "Storia" e "Realtà" nell'ambito mistico-metafisico. Non si parla mai di "antropologia politica" in Hegel a differenza di coloro che interpretarono il suo pensiero in questa prospettiva, come ad esempio gli esponenti della sinistra hegeliana.

Alcuni teorici hanno interpretato lo Stato Hegeliano come il modello dello Stato totalitario, nonostante fosse un'interpretazione filosofica più radicale ed estensiva, una delle poche cose in comune era lo Stato inteso come massima autorità politica e sociale. L'idealista non ha mai sostenuto la figura di un uomo al vertice del potere, ma una ripartizione dei poteri, elemento che definisce come **l'unico protagonista della "politica hegeliana" è solamente lo "Stato-Realtà" e**

nient'altro. Non vi sono accenni tuttavia al pensiero economico di Hegel: Fichte, il primo esponente della corrente idealista, sosteneva che vi dovesse essere **la necessità di uno "Stato Commerciale Chiuso" quindi fautore di una politica economica anti-liberista**, interpretabile in chiave di estremo socialismo oppure nella prospettiva dell'anti-capitalismo della destra radicale.

Classe ed economia: Marx era "anti-sovranista"?

"I proprietari della semplice forza-lavoro, i proprietari del capitale e i proprietari fondiari, le cui rispettive fonti di reddito sono salario, profitto e rendita fondiaria, in altre parole, gli operai, i capitalisti e i proprietari fondiari, costituiscono le tre grandi classi della società moderna, fondata sul modo di produzione capitalistico. Senza dubbio è in Inghilterra che la società moderna nella sua struttura economica ha raggiunto il suo sviluppo più ampio e più classico. Tuttavia la stratificazione delle classi non appare neppure lì nella sua forma pura. Fasi medie e di transizione cancellano anche qui tutte le

linee di demarcazione (nella campagna tuttavia in grado molto minore che nelle città). Ma per la nostra analisi ciò è irrilevante. Abbiamo visto che la tendenza costante e la legge di sviluppo del modo di produzione capitalistico è di separare in grado sempre maggiore i mezzi di produzione dal lavoro e di concentrare progressivamente in larghi gruppi i mezzi di produzione dispersi, trasformando con ciò il lavoro in lavoro salariato ed i mezzi di produzione in capitale. E a questa tendenza corrisponde, d'altro lato, la separazione autonoma della proprietà fondiaria dal capitale e dal lavoro, o la trasformazione dì tutta la proprietà fondiaria nella forma di proprietà fondiaria corrispondente al modo di produzione capitalistico. La prima domanda a cui si deve rispondere è la seguente: che cosa costituisce una classe? E la risposta risulterà automaticamente da quella data all'altra domanda: Che cosa fa sì che gli operai salariati, i capitalisti ed i proprietari fondiari formino le tre grandi classi sociali? A prima vista può sembrare che ciò sia dovuto all'identità dei loro redditi e delle loro fonti di reddito. Sono tre grandi gruppi sociali, i cui componenti, gli individui che li formano, vivono rispettivamente di salario, di profitto e di rendita fondiaria, della valorizzazione della loro forza-lavoro, del loro capitale e della loro proprietà fondiaria. Tuttavia, da questo punto di vista, anche i medici, ad esempio, e gli impiegati verrebbero a formare due classi, poiché essi appartengono a due distinti gruppi sociali, e i redditi dei membri di ognuno di questi gruppi affluiscono da una stessa fonte. Lo stesso varrebbe per l'infinito frazionamento di interessi e di posizioni, creato dalla divisione sociale del lavoro fra gli operai, i capitalisti e i proprietari fondiari. Questi *ultimi, ad esempio, divisi in possessori di vigneti, possessori di terreni arativi, di foreste, di miniere, di riserve di pesca".*

(Karl Marx, "Il Capitale", capitolo 52 "Le classi")

La classificazione di Marx

Karl Marx sostiene la **suddivisione dei soggetti in classi sulla base dell'elemento economico**: salario, profitto e rendita fondiaria. Questo "elemento economico" non è altro che il principio metafisico che si è costituito nella realtà in relazione a un determinato momento storico, più precisamente da quando è nato nella storia dell'uomo l'aspetto relativo a un'economia monetaria inserita categoricamente nella scienza dell'economia politica.

L'uomo tuttavia ha cominciato a stratificarsi in gruppi sociali, storicamente in periodi ove non era presente l'elemento economico, cioè nella realtà esisteva il baratto. L'unica grande verità è che **Marx, come molti altri pensatori, non considera l'elemento "psicologico-metafisico".** Gli uomini si stratificano in gruppi sociali in relazione ai loro comportamenti, atteggiamenti, modalità per esternare l'essere nella realtà e poter proporre le loro capacità alla costante ricerca di un'evoluzione dello spirito.

Durante il periodo in cui visse Karl Marx, il problema più grave era rappresentato dalle condizioni economiche relative alla stragrande maggioranza della popolazione europea. Marx dal suo punto di vista ha ragione, in quanto in ogni periodo storico vi sono oggettivazioni che "risaltano" rispetto ad altri elementi che seppur sul piano della realtà possono rappresentare aspetti d'importanza a livello sociale, sul piano metareale non hanno tale rilevante importanza. **Ogni uomo è condizionato naturalmente dalla stessa società in cui vive**. Essa rappresenta forse un'insieme più grande della realtà statuale, della stessa società civile, contenente categorie come "Politica", "Economia", "Legge", "Ideologia"…

Una sorta di "**Dio sociale e metafisico**" **che impone mediante norme "invisibili" cosa pensare l'uomo**, quale atteggiamento assumere nella realtà e le relative modalità comportamentali. Le rivendicazioni della società del 2000 sul pensiero marxiano, da coloro che si professano "comunisti", probabilmente Karl Marx non le avrebbe in "simpatia".

Per una critica "sovranista" all'impianto del marxismo

I punti fondamentali che possiamo muovere di critica in chiave "sovranista":

– Marx era un uomo e come ogni uomo era **soggetto alle imposizioni della società** stessa per quanto volesse assumerne una posizione critica relativamente alla categoria "Economia".

– Marx (ciò è banale) non era assolutamente "comunista": teorizzò una risoluzione scientifica (una possibile risoluzione) definita "comunismo", la quale sarebbe possibile solamente in astratto ma non sul piano della realtà. **Le sperimentazioni dell'anti-capitalismo nei regimi della sinistra radicale hanno prodotto un "cancro**

nell'economia", dai Paesi dell'Est Europa a Cuba passando per l'ex Unione Sovietica.

– Marx definisce l'economia come l'unico elemento su cui basare il fondamento della società. In tale prospettiva probabilmente il fondamento della società e nella società stessa. Definire una società positiva e negativa, una società e l'anti-società riunite in unico insieme con "due volti". Tanto che **la stratificazione sociale è avvenuta anche in periodi storici in cui era assente l'applicazione dell'economia politica** o l'adozione di una qualsiasi politica economia monetaria.

Per quanto un uomo può essere geniale nelle proprie analisi, nella dialettica e nelle argomentazioni scientifiche, non può sfuggire al controllo della società. Perlopiù, se fosse esistita realmente una società priva di classi, non avverrebbe una stratificazione sociale tale da poter consentire nella categoria "Politica" la realizzazione di una democrazia rappresentativa coincidente con l'idea del sovranismo. Per induzione, Marx si postula come anti-democratico (a livello rappresentativo) e anti-sovranista.

E' vero che la cultura è solo "di sinistra"?

Negli stereotipi della politica, o meglio nella realtà dell'idea politica, è abbastanza noto **associare il pensiero di sinistra all'idealismo, alla cultura al mondo degli intellettuali** mentre il pensiero di destra ad una presunta arretratezza e povertà mentale. Ciò non solo è abbastanza ridicolo, in quanto risulta già arretrato di suo giudicare il valore culturale di una persona per i suoi ideali politici, ma soprattutto questo stereotipo nasce all'interno dei contesti caratterizzati dal buonismo e dall'incoerenza, diffusi in Italia a partire dagli anni '90, pochi anni dopo Tangentopoli.

Le origini della cultura "di sinistra"

Se dovesse essere fatta un'analisi approfondita, in realtà tale stereotipo culturale dovrebbe favorire il pensiero sovranista-conservatore piuttosto che l'ala pseudo-progressista. Prima di tutto, **la "sinistra" nasce in un contesto politico-culturale recente**, in Francia con la rivoluzione del 1789, poi successivamente nel XIX secolo con le teorie di Marx e Proudhon in critica a tutto ciò che rappresentava il sistema politico ed economico di allora. La tradizione politica che poi confluì e si radicalizzò nel sovranismo appartiene invece ad una delle più importanti tradizioni culturali della storia del mondo occidentale, che potrebbe addirittura farsi risalire ad Augusto, primo princeps di Roma.

Non è mai esistita una sinistra fino alla Rivoluzione Francese, fatto storico determinante nella storia, per le sue implicazioni socio-politiche nemmeno paragonabile alla Rivoluzione Americana di alcuni anni prima, la quale avvenne per altro per cause e motivazioni differenti. **I valori culturali, i principi, le idee non sono mai state "di sinistra"** come molti che appartengono a tale ala affermano e rivendicano anche con una certa arroganza.

Una "destra" di pensiero

I radical-chic, scrittori improvvisati e salottisti, rivendicano che la letteratura e le arti umanistiche come la scienza, associate al progresso, possono appartenere solamente ad un pensiero politico che non sia la destra. Ciò è alquanto singolare: basta citare **Giuseppe Ungaretti** o il vincitore del premio nobel per la letteratura **Luigi Pirandello** nel 1934, entrambi tesserati al Partito Fascista. La lista non finisce qui: la stragrande maggioranza nel primo novecento degli intellettuali futuristi, fra cui **Filippo Tommaso Marinetti** oppure **Gabriele D'Annunzio**, letto e conosciuto anche al di fuori del territorio Italiano per l'impresa di Fiume dopo la vittoria mutilata del 1919. Il poeta **Ezra Pound** ed il professore universitario autore della saga fantasy-filosofica Il Signore degli Anelli, **John Ronald Reuel Tolkien** appartenevano politicamente alla destra radicale. Nell'ambito filosofico, quasi la stragrande molti pensatori avrebbero rifiutato le impostazioni politiche della sinistra radicale, che si mosse nella società a partire dalla seconda metà del XIX secolo con Marx stesso che fu molto influente nella radicalizzazione del pensiero di sinistra.

L'unica verità è che, a partire dal 1968, con le ribellioni studentesche, gli anni di piombo che il nostro paese visse in maniera traumatica soprattutto per le azioni del terrorismo rosso (le brigate rosse), i più giovani si lasciarono trasportare da ideali astratti nonostante il modello statuale a livello organizzativo che l'Italia ebbe nella seconda metà del XX secolo fu uno dei più equilibrati, in quanto riusciva ad alternare rigidità amministrativa a fluidità nell'economia ed un alto tasso occupazionale.

Sono tante le contraddizioni dell'attuale radical chic che, pur non conoscendo in toto la storia o la filosofia, **si definisce acculturato, buonista ed è soprattutto gradualmente incoerente**, pronto a fare l'evoluto non per quanto riguarda sé stesso ma sulla pelle degli altri. L'attuale classe politica di sinistra è rappresentata da quest'impostazione di pensiero di costante buonismo riuscendo quasi a "manipolare" il popolo italiano, il quale sembra si sia dimenticato delle proprie origini e della propria cultura.

Il carcere può realmente essere rieducativo?

 L'ordinamento giuridico italiano nel rispetto di tre importanti **fonti del diritto** – Codice Civile, Codice Penale e Costitituzione – non prevede sanzioni che possano ledere l'integrità fisica o morale dei soggetti che si macchiano di reati gravissimi e violenti. Tali atti non solo trasgrediscono il sistema giuridico garantito dall'ordinamento, ma anche il sistema morale-sociale il quale, seppur non codificato, è dotato comunque di una **considerevole forza punitiva**.

In particolare, uno dei più profondi problemi o meglio interrogativi che affliggono continuamente il nostro sistema normativo e che viene dibattuto non solo da giudici della Corte di Cassazione, eminenti giuristi ma anche da criminologi e psicologi, ha come oggetto il principio secondo il quale **la detenzione in carcere sarebbe in realtà una modalità per poter reintegrare soggetti recidivi**, propensi nel commettere crimini e reati e con personalità totalmente devianti.

Chi delinque?

Il primo studio condotto all'interno delle carceri, immediatamente alla fine del secondo dopoguerra, fu attuato da Fontanesi e Ponti (1954-1969), due criminologi che arrivarono a suddividere i criminali in cinque diverse categorie. Il **criminale primario** è colui che commette per la prima volta un crimine, il **criminale recidivo** è colui che ha commesso in precedenza crimini dello stesso genere, il **criminale abituale** è colui che è introdotto profondamente all'interno delle realtà devianti e criminali, il **criminale professionale** è colui che vive dei proventi del crimine poi vi è il **criminale per natura** che come per definizione "si distingue per il carattere particolarmente malvagio del reo".

Da quest'analisi, induttivamente, si possono ricavare molte conclusioni. Prima di tutto è che vi sono soggetti che pur commettendo crimini non hanno un'indole malvagia e deviante, quindi attraverso un **percorso di rieducazione** possono certamente convivere adeguatamente nella società se vi sono le condizioni necessarie e sufficienti. La seconda riguarda tutti coloro che per via di fattori ambientali (degrado sociale, emarginazione, disoccupazione continua, vita all'interno di contesti violenti), fattori familiari (conflitti genitoriali, violenze subite nell'infanzia) e fattori puramente psicologici (difetti genetici al sistema nervoso centrale) sono propensi ad inoltrarsi in realtà devianti e ad essere criminali nel vero senso del termine. **La distinzione fra criminale e deviante è molto labile**, coloro che adottano una condotta deviante possono essere recuperati, ma attraverso terapie farmacologiche e psichiatriche, spesso i loro comportamenti sono influenzati dai fattori socio-ambientali ma non dai fattori psicologici.

Al contrario, **il criminale per natura** – colui che possiede naturalmente e biologicamente un'indole malvagia – **non potrà mai, carcere o meno, integrarsi con il sistema morale, sociale e normativo**. La motivazione principale riguarda la sua totale "propensione" a commettere azioni violente, che possono variare dall'omicidio all'abuso sessuale. Emblematico è il caso di Angelo Izzo, il "mostro del circeo", nonostante dopo il massacro del 1975 nel quale si rese responsabile dello stupro di due ragazze per la durata di 10 ore e del loro omicidio, al termine di una condanna trentennale, nel 2005 uccise sia la sua compagna che la di lei figlia, appena uscito dal carcere. Lo stesso Izzo, nonostante affermò pubblicamente di essere totalmente cambiato tanto da essere affidato ad una comunità nei primi anni 2000, si rese immediatamente responsabile di due terribili efferati delitti. Il motivo principale? **Biologicamente tali individui non riescono a provare rimorso, per la totale riduzione della sfera celebrale che dovrebbe sviluppare le emozioni e le sensazioni,** oltre che ad essere affetti nella maggior parte di casi di innumerevoli disturbi della personalità che variano dalla schizofrenia al livello bordeline.

Il carcere può non funzionare

Il carcere, senza discuterne l'efficacia come sistema di punizione e di sanzione, è insomma **totalmente inefficiente nei confronti di soggetti come Angelo Izzo** e tutti coloro che appartengono alla categoria dei "serial killer".

Il nostro sistema giuridico prevede riduzioni di pena nei confronti di tali individui, pericolosi per sé stessi e per la società. Infatti, la sentenza della Corte d'Assise d'appello di Trieste, ridusse la pena ad 8 anni e 2 mesi ad un algerino che uccise nel marzo 2007 ad Udine un colombiano dopo una semplice provocazione. La perizia scientifica diede riscontro ad una "vulnerabilità genetica" secondo la quale l'assassino sarebbe predisposto ad un comportamento aggressivo. Il carcere può sicuramente essere un sistema rieducativo, ma con dati scientifici alla mano non per tutti che si macchiano di reato.

Il Pd: la più grande contraddizione della politica italiana

Il 14 ottobre 2007 venne alla luce una delle più grandi contraddizioni del panorama politico italiano a livello nazionale. Un manifesto sicuramente interessante, unione politica di forze democratiche, progressiste, socialiste per una riforma europeista e per dare sbocco a un'azione comune. Nacque il **Pd**.

Il Pd e la sovranità popolare: un rapporto difficile

Non è andata proprio così, essendo sempre in linea per poter avere un posto in parlamento o al governo e **mai per essere una formazione designata dalla volontà popolare**, espressione della sovranità nazionale.

Il Pd eredita la tradizione culturale essenzialmente di due forze politiche che hanno prodotto grandi scandali nel sistema giuridico e politico del nostro ordinamento: non a caso tutti coloro che ne fanno parte dal 2007 ad oggi si sono distinti **fra le fila chi della Democrazia Cristiana e chi del Partito Comunista**. Storicamente, si dice che il Pd è nato come formazione unica di partiti di centro-sinistra, forse sarebbe più opportuno dire che nel Pd si sono distinti molti fra coloro che sono stati fautori di illeciti amministrativi, economici ma anche "politici" verso la fine della Prima Repubblica. Gli ideali sono fondamentali in politica, ma come può essere il Pd una formazione organica nel pensiero politico quando si è arrivati addirittura a parlare con questo tipo di realtà di **catto-comunisti**? Pensieri opposti, idee opposte, modalità di attivismo opposte unite solamente da una "poltrona" in parlamento e nel resto delle sedi istituzionali.

Da Monti al giallofucsia

Già alla premessa di quel lontano 14 Ottobre 2007, i principi sui quali si fonda il Pd sono abbastanza discutibili se non contraddittori e configgenti. Il momento della verità arriva subito: alle elezioni politiche del 2008 esce sconfitto, ma dopo la crisi del governo

Berlusconi IV, **entra nelle istituzioni appoggiando la fiducia a Monti** nel 2011. Da lì, è un momento nero: la grande recessione, una politica economica spregiudicata con una tassazione ed una pressione fiscale che soffocano i cittadini. Per molti anni, pur non essendo **mai arrivato ad una maggioranza "votata" per espressione del principio della sovranità popolare**, il Pd riesce ad intrufolarsi nelle istituzioni fino al 2018.

In questo periodo tra le fila del Pd si registrano innumerevoli indagati, mentre il partito si rende protagonista di tutta una serie di decisioni che hanno portato all'aumento del flusso migratorio, all'equiparazione fra lavoro pubblico e lavoro privato con molti italiani che pur essendo dipendenti pubblici hanno rischiato di perdere la propria forza economica a causa del "magico duo" Renzi-Boschi. Lo stesso Renzi che aveva promesso di non tornare mai più in politica ma che adesso è ritornato alla ribalta con la sua nuova "azienda", Italia Viva.

Passato il periodo del governo gialloverde, il Pd ritorna in sella trovando un alleato qualunquista quanto lui, quel Movimento 5 Stelle che adattandosi alla logica ereditata dai "piddini" per non perdere la poltrona perde la dignità alleandosi proprio con la forza con la quale tutti, coscienziosamente o no, avevano il dito puntato. Un governo che, oltre a non essere in linea con la volontà del popolo italiano, ha ridotto la democrazia a mera demagogia. E **un partito che ha disgregato ogni coscienza civile**, con un pseudo-progressismo alimentato da una sete di potere senza limiti che però è lesiva nei confronti di chi ne subisce le

conseguenze, il popolo italiano, ovvero
l'unico reale sovrano di questa nazione.

Il Liberalismo come reazione ed evoluzione

La concezione anarchica del potere politico fu un dato rilevante per moltissimo tempo all'interno della società umana. Tuttavia nel XVIII secolo in pieno Illuminismo avviene un evento storico che capovolge drasticamente la politica di quel periodo: la Rivoluzione Francese. Questa Rivoluzione fu dominata da principi astratti, ma è considerata il più grande tentativo di reazione da parte di un'intera nazione contro l'autarchia assolutista del monarca che aveva il potere politico concentrato tutto su di sé. Fra il 1792 e il 1793 abbiamo già una forma ''primitiva'' di liberalismo, e la filosofia e la letteratura contribuirono negli anni successivi per il suo sviluppo. Kant, filosofo dell'intelletto considerò positivamente la Rivoluzione Francese, egli nella sua visione della realtà infatti teorizzò una prima forma di cooperazione fra le diverse nazioni, ''politica della pace', poi anche Foscolo, autore italiano, nei suoi scritti emerge una forte ribellione nei confronti delle convenzioni ultraconservatrici della società, lo stesso Foscolo può essere considerato pre-romantico. Il nazionalismo è la sfumatura politica del romanticismo, ma questo nazionalismo può essere assunto come una forma di liberalismo, in quanto è totalmente differente dall'ultranazionalismo di Bismark, Mussolini o ancora peggio Adolf Hitler. I principi erano la difesa della propria nazione, la conservazione e il richiamo alle proprie tradizioni, nonostante ciò coloro che inseritosi nella società dimostravano di avere una profonda cultura non condividevano alcuni principi del regime monarchico, nonostante in Inghilterra fosse presente la monarchia costituzionale, dove il suo fondamento era la divisione dei poteri. Byron un autore della seconda fase del romanticismo inglese, in sé aveva assunti i principi del nazionalismo, combatte a favore del nazionalismo greco contro i turchi nei primi anni venti del XIX secolo, nonostante ciò in spiriti come il suo era presente una forte tendenza a principi di libertà sia sociale che economica ma anche di pensiero, ciò che tende l'uomo ad

evolversi politicamente e ad essere più "duttile"
per adattarsi a una forma di pensiero divergente
e assolutamente anti-rigida, la quale ha trovato i
suoi più grandi sviluppi soprattutto al termine
della seconda guerra mondiale (1945).

Il concetto di liberalismo oltre dal punto di vista politico deve o almeno meriterebbe di essere esteso ad altri campi, soprattutto nel sociale. La libertà in ogni caso deve essere estesa anche non solo nella sfera morale o culturale, ma psicologica o meglio umana. Nello specifico la libertà ''sociale'' possiede una sfumatura anche nell'ambito ludico, amoroso soprattutto improntato nella sfera adolescenziale, dove sorgono i primi amori, le prime sofferenze, ma anche le prime incertezze. Proprio di incertezze, oggetto di una canzone del vincitore della versione giovanile di San Remo, Ultimo, giovane cantante che si occupa di esprimere tematiche che spingono le persone alla riflessione, in una canzone può essere individuata una profonda sfumatura di libertà. In breve nel videoclip accompagnato dal testo, il protagonista è un ragazzo introverso, timido e che a differenza dei suoi coetanei non ha molto successo nella vita relazionale. Egli prima si trova nella sua casa, immaginando di ballare con una ragazza attraente,probabilmente all'interno di un contesto scolastico. Il ragazzo in questione partecipa alla festa, ma viene evitato, escluso in modo crudele e additato da risa di scherno soprattutto da ragazze ''gonfie di orgoglio per la presenza dei loro cavalieri'', ragazzi molto diversi dal protagonista del videoclip. Quando alla festa arriva anche la ragazza per la quale il protagonista prova evidenti sentimenti, egli stesso prova a salutarla in modo gentile, lei ricambia con una faccia quasi schifata e comincia a ballare e a baciarsi con un altro ragazzo presente alla festa. Il protagonista, nel quale si evince una profonda sensibilità, dopo essersi seduto per attimo, comincia a ballare da solo, gesto che rende concreto il concetto di vera libertà, psicologica, sociale o meglio umana, di accettare chi realmente siamo, senza doverci farci condizionare da individui che per leggi "estetico-morali" dovrebbero essere "migliori", ma che significato è "migliore"? Attraverso quali parametri reali è possibile determinare che una persona sia "meglio" di un'altra? Il protagonista rappresenta non solo qualcosa di coinvolgente dal punto di vista emotivo, ma anche la vera libertà di andare oltre ai pregiudizi che sembrano quasi dei dogmi, in questa società, dove la bellezza interiore è qualcosa che non è che non esiste, non ha un significato, purtroppo. Ecco perché ogni persona ha il diritto di sentirsi libera, per ciò che è veramente.

Io vittima di Cyberbullismo

Vi sono realtá di cui non si parla mai, realtá che creano malessere e producono senso di inadeguatezza e frustrazione nell'uomo, anche se sarebbe più opportuno parlare di adolescente. Sembra quasi scontato parlare e affrontare questo tema, ma sarebbe ancora più scontato non parlarne in quanto temi di questo genere non fanno altro che essere evitati, ma soprattutto le uniche persone che possono comprendere al pieno il concetto in sé di Cyberbullismo sono le uniche che hanno sofferto e lo hanno provato sulla loro pelle. Io stesso attualmente che scrivo quest'articolo, ho avuto una sofferenza enorme, con conseguenze che non fanno altro che rimanere impresse nella mia mente come qualcosa che non può essere "sciolto", un'oggettivazione di una modalità comportamentale frustrata che nei confronti di chi subisce, provoca qualcosa che probabilmente non ottiene una risoluzione o meglio una verbalizzazione nemmeno attraverso il linguaggio descrittivo. Avevo quattordici anni quando sui social, ignoti individui che si nascondevano dietro ad un anonimo cominciarono ad accanirsi contro di me. Insulti dicerie, istigazioni al suicidio, ogni giorno appena tornavo dal liceo per gran parte del primo superiore. Un periodo nel quale la mia identità era frammentata in mille pezzi, ogni giorno nel quale non riuscivo a distinguere ciò che ero in realtá oppure le deformazioni dovute alla frustrazione di carnefici ignoti, spinti dal desiderio, di fare del male, semplicemente per le loro insicurezze, per raccogliere approvazioni virtuali per sentirsi apposto con loro stessi, non accorgendosi che stavano "uccidendo" ovviamente in senso metaforico, un ragazzino di appena quattordici anni. Non ho mai compreso bene perché dovessero farlo ogni giorno, nascondendosi, anche nella mia scuola ho avuto un'etichetta che non ha fatto altro che mettermi in cattiva luce di fronte a persone che non conoscendomi, ne approfittavano per umiliarmi, evitarmi, farmi sentire ciò che non ero. Essere liberi semplicemente significa stare in pace, non ho mai potuto godere di una pace a causa di individui che attraverso una costante pressione psicologica , hanno impedito per gran parte della mia adolescenza a scoprire l'amicizia, l'amore e anche la libertá di espressione solamente anche a livello umano. Questo è uno delle tante conseguenze di ciò che questo fenomeno orrendo provoca nelle persone. Non mi vergogno a parlarne, in quanto tutto ciò mi ha fatto realizzare che potevo essere diverso da ciò che altri individui dicevano sul mio conto, questioni false e demotivanti per un ragazzo che stava scoprendo pian piano il fiore dell'adolescenza. Impendendomi di poter essere come tanti altri adolescenti e di realizzare che i cosiddetti anni più belli, sono stati per me un inferno. Chiunque abbia problemi per via di questo, ne parli con chi è competente, in quanto chi giudica diventa solo un carnefice. Ciò non rappresenta una confessione, ma un invito a motivare per comprendere che ognuno è bello come è senza farsi pesare quell'orribile concetto chiamato pregiudizio.

Per porre accento su alcuni aspetti della realtà, è opportuno definire che in questo periodo, esiste, è presente, un radicale dualismo fra realtà e mondo virtuale. La psiche, l'emotività, le capacità emozionali di ogni persona mutano nella trasposizione da un contesto all'altro, nel passaggio da realtà a pseudo-realtà. La libertà psicologica, rappresenta oltre alla conquista di essere sicuri di noi stessi, significa anche non sentirsi dovutamente condizionati dal mondo virtuale, o meglio dalle condizioni del mondo virtuale, in quanto ove non vi sono leggi, essendo un contesto, o meglio una contestualizzazione virtuale esso ha bisogno della creazioni di leggi e principi. Sarebbe scontato solamente dire che i social rappresentano una limitazione delle capacità di interazione da persona a persona, ma tuttavia esistono anche altri diversi fattori, che possono essere individuati anche attraverso un'applicazione di una logica applicata all'analisi sociologica. I giovani, gli adolescenti, ma anche ragazzi maturi, cercano attraverso i social delle approvazioni virtuali, definiti "mi piace", in breve essi rassicurano la persona, la rendono forte, creano una falsa riga di popolarità, di bellezza, e di altri fattori che nel subconscio la invitano a mettere altre foto, per raggiungere più apprezzamenti, sennò che senso avrebbe mettere le nostro foto online? Negli anni '80 le foto venivano tenute nelle case come ricordo, ora invece vengono postate, indicato luoghi, lasciando informazioni su che posti, persone frequentiamo, e quali potrebbero essere i nostri interessi. L'oggettivazione astratta ma anche per certi versi, che possiede delle componenti concrete è rappresentata dalle storie, dove ogni individuo attraverso di esse ha bisogno di rappresentare una parte di sé in un determinato momento, facendo capire anche gli altri cosa come siamo interiormente e quali sono (per i più intelligenti) le nostre modalità di pensiero. Vi è un problema di fondo, infatti non esiste un unico social, le persone dalla prima adolescenza, si buttano sul social che va più di "moda", ma i nostri profili, oggettivazione di noi stessi in mondo virtuale, in diversi momenti del tempo, non potrebbe essere dannoso, in quanto oltre alle informazioni, fra molto tempo una signora adulta potrebbe ritrovarsi online informazioni personali anche condizionanti di quando era ancora una piccola adolescente. Molte persone ritengono che i social non siano poi così importanti, ma come verrebbero condizionate le nuove generazioni? E soprattutto vi sarebbe negatività emotiva se ragazzi e ragazze non potessero più accedere ai loro profili social, per soddisfare quell'insensato bisogno di dare sazio al proprio ego fragile e deformato dalla tecnologia?

Per attuare un'analisi più mirata, per poter rendere più efficace il tema, bisognerebbe tornare indietro nel tempo e verificare come è stata un'evoluzione delle tecniche investigative su individui che mostrano comportamenti devianti o criminali. L'analisi trova sbocco anche per via di due casi recenti di cronaca, l'omicidio di Pamela Mastropietro del Gennaio 2018, e quello molto più recente di Desirè, ragazza che oltre alla fine tragica si trova a subire anche una profonda manifestazione di disagio dovuto all'assunzione di droghe. La politica italiana, si sta concentrando sugli immigrati, non che questo non sia un problema per la nostra nazione, ma per anticipare e definire delle soluzioni efficaci a questo problema, bisogna analizzare il problema a fondo, cioè la mente "criminale". Quest'Analisi a Posteriori anche per la storia del nostro paese ci permette di scoprire quali sono le motivazioni, il pensiero, le emozioni, le percezioni e altre caratteristiche inerenti alla psicologia dell'individuo che gli consente di attuare comportamenti deviati, antietici e drasticamente contro ogni tipo di convenzione umana. La mia analisi comincia dal 1968, quando due amanti vengono uccisi in un'auto, quest'omicidio fu l'antecedente che la cronaca definì "Mostro di Firenze", fu scambiato come delitto passionale ma in realtà, anche alla luce dello sviluppo della psicologia criminale, si viene a conoscenza anche che non vi sono reali motivazioni per chi commette un simile atto, ma solamente un "principio" definiamolo così, inscindibile nella mente del "killer". Parlando chiaro, coloro che commettono determinati atti, oltre a mostrare comportamenti di natura sociopatica e narcisistica, presentano diversi disturbi di personalità, anche semi-psicotici, che gli permette di essere freddi, non provare rimorso e attuare un atto così spregevole e orrendo con una naturalezza inquietante e mostruosa. Pietro

Pacciani e Vanni, facevano lavori saltuari, mostravano un'intelligenza al limite del ritardo mentale, erano violenti, sessualità ambigua, Pacciani non esitò ad attuare violenze nei confronti di un altro componente della banda dei ''compagni di merende'', mentre Vanni era impotente e frequentava prostitute. Mostravano tratti di una personalità sociopatica, per via del forte contrasto con i principi etici della società, probabilmente lo stesso Pietro Pacciani era psicopatico, in quanto agì dall'inizio degli anni '70 fino alla prima metà degli anni '80 indisturbato, lasciando molte tracce e anche molti misteri ancora irrisolti sul caso del ''mostro'', un caso che terrorizzò l'Italia per oltre un ventennio, dove ancora vi sono forti misteri, sepolti nelle tombe dei mandanti. L'interrogativo da porre, è che anche coloro che uccisero Pamela, mostravano determinate caratteristiche, spacciatori ma non solo, comportamenti che andavano oltre ogni limite della pura umanità, dove le motivazioni perdono contatto con la realtà. Questi individui, criminali per natura, non mostrano alcun senso di pentimento e rimorso, non è possibile un recupero per via della loro probabile assenza di emozioni, e soprattutto non è un problema dovuto all'immigrazione. Questi individui possono essere di qualunque tipo di nazionalità, colore della pelle, ma il problema è a livello psicobiologico, in quanto la loro anormalità nella società crea solamente un danno permanente, distruggendo letteralmente persone innocenti. La domanda da porre è se non è il carcere? In quale modo possono essere recuperati…?

Erano gli anni di piombo, un periodo oscuro per la storia del nostro paese sia dal punto di vista politico che anche sotto il profilo della sicurezza. Erano gli anni delle sparatorie fra i Nar e le Brigate Rosse, gli anni in cui il ''Mostro di Firenze'' imperversava imperterrito nelle contrade della Toscana Centrale, massacrando sia a coltellate che con colpi di arma da fuoco ''coppiette'' innocenti, il profilo che partì da quegli anni sarebbe stato di un'Italia sotto shock. Un caso dimenticato forse dagli annali della cronaca nera attuale, è rappresentato dal caso Ludwig, pseudonimo con il quale si firmavano due pericolosissimi assassini seriali, che agivano in Veneto, Olanda e Germania. Questi due assassini seriali erano Marco Furlan e il tedesco Abel, studenti modello, Furlan era prossimo alla laurea in Fisica, rampollo di un'ottima famiglia veneta, Abel invece era laureato in Matematica in ottimi voti, e gestiva sotto il profilo economico l'attività imprenditoriale del padre, un assicuratore tedesco con ottimi profitti economici. Ora prima di attuare un'attenta analisi, perché due ragazzi con ottime probabilità di successo, ottime capacità, ottime lauree(rispettivamente Fisica e Matematica), hanno dovuto attuare delle mostruosità che hanno causato la morte di 28 persone. Una risposta per attuare l'analisi, partirebbe dall'ego, dalla megalomania, dal narcisismo. Furlan e Abel non erano probabilmente due psicopatici comuni, dentro di loro è possibile individuare dal punto di vista psicologico un'elevata componente narcisistica la quale si concretizzava con il pensiero deformato di ripulire la società. Si erano incontrati alla scuola superiore, volevano eliminare nel loro folle progetto ogni tipo di ''peccaminosità'', omosessuali, discoteche, cinema pornografici e preti ''deviati''. Il loro forte narcisismo era dovuto a una scarsa componente di emozioni, si acclamavano nel loro essere come degli ''eroi'' che avrebbero ripulito il mondo da ciò che lo contaminava, volevano sentirsi dentro potenti o forse onnipotenti, nei confronti di una società che credevano di avere sotto il loro controllo. Il 25 Agosto 1977 avvenne il loro primo delitto, l'omicidio Spinelli, un senzatetto fu bruciato all'interno di un'auto a Verona, altri delitti celebri furono il delitto del tossicodipendente Claudio Costa, ucciso a coltellate, nel 1980 a Vicenza uccisero una prostituta di cinquantadue anni a colpi d'ascia, verso l'inizio degli anni '80 appiccarono un incendio a un locale ''Liverpool'' di Monaco di Baviera, causando alcuni morti e molti feriti, fu trovata una scritta volgare dopo l'attuazione dell'incendio "Al Liverpool non si scopa più". Un altro aspetto della psicologia di Furlan e di Abel, è che probabilmente agivano sotto gli influssi dell'ideologia politica nazionalsocialista, infatti è riconosciuto che la filosofia del nazismo, rappresenta idealmente la visione quasi autarchica della bestia che divora il nemico in difficoltà. Agivano entrambi con una violenza sfrenata, sotto l'influsso di canoni astratti che dominavano il loro essere portandoli verso una via caratterizzata da odio e violenza nei confronti della società. Sarebbe opportuno delineare la terminologia sociopatico, nel caso Ludwig, Furlan e Abel erano due antisociali, rifiutavano ogni aspetto della società, la loro personalità strettamente narcisistica gli imponeva di riformarla, se fossero stati psicopatici, non avrebbero collaborato fra di loro, lo psicopatico non prova empatia per nessuno, il sociopatico, inteso come categoria clinica, è capace di provare un'emozione anche parziale solamente per interesse per un individuo con cui ha qualcosa da condividere. Dopo aver appiccato un rogo ad un covo di tossicodipendenti fu ritrovata una lettera inviata alla redazione della Repubblica dove vi era inciso il loro ''manifesto''

di stampo nazionalsocialista, definendo la
giustizia equivalente alla morte, definendo la
loro politica come lo sterminio. Abel e Furlan
furono condannati nel Febbraio 1987
all'ergastolo.

Il Q.I è decisivo nella distinzione

comportamentale del Serial Killer

Gli assassini seriali cominciarono a venire
identificati dal punto di vista clinico, come
persone con diversi sintomi che dimostravano
l'esistenza di psicopatia, essenza antisociale,
sessualità e metodologie comportamentali
deviate. Una vasta gamma di caratteristiche che
si riferiscono al concetto di mancata
predisposizione allo sviluppo di qualità emotive,

interazione con l'altro, condivisione con l'altro, caratteristiche che denotavano un'attività psichica standardizzata completamente fuori dal canone di normalità. A partire dal 1978, l'FBI cominciò a dedicarsi a definire un connubio fra diritto, psicologia e sociologia per costituire dei profili psicologici che denotassero l'identità, le caratteristiche, le modalità comportamentali del serial killer, anche i disturbi clinici ma soprattutto anche l'applicazione di un test cognitivo, probabilmente il più conosciuto nell'opinione pubblica, il test del Q.I (Quoziente Intellettivo). Una curiosità comune è se coloro che commettessero determinati delitti, fossero individui intelligenti, razionali, menti logiche, oppure se fossero semplicemente individui con un'intelligenza bordeline, capaci solamente di svolgere lavori saltuari, attuando i loro delitti con innata violenza e sfrenatezza. La risposta a questa domanda è che non esiste una correlazione fra l'intelligenza e l'essere sociopatico, o psicopatico, nonostante ciò, l'FBI adottò una metodologia per distinguere un assassino seriale nel suo ''modus operandi'' nel compiere l'assassinio. Il Q.I può essere utilizzato per distinguere killer organizzati, o disorganizzati. Organizzati concettualmente equivale a dire, killer con un ''modus operandi'' preciso, scelgono le loro vittime in modo accurato e sono abili nella manipolazione per potersi mascherare come persone con una totale e distinta schematizzazione della personalità, in parole povere sono molto difficili da analizzare. I serial killer disorganizzati, mostrano un basso livello cognitivo, commettono molti omicidi in sequenza, sfruttando le occasioni, senza una motivazione meno astratta del bisogno sfrenato dovuto alla psicopatia di uccidere. I serial killer più famosi con un'alta intelligenza sono Ed Kemper (Q.I di 145), sezionò accuratamente molte vittime, attuando rapporto sessuali con i loro cadaveri, anche Ted Bundy (con un Q.I di circa 125), profonda conoscenza di psicologia e giurisprudenza, studente brillante con la passione per la politica, si dedicò uccidendo giovani ragazze nelle università da lui frequentate e anche persone disabili, fingendosi una persona che intendeva aiutare o anche bisognosa di aiuto. Invece in modo discusso, i più pericolosi serial killer americani con un basso profilo cognitivo, considerando che l'intelligenza media è fissata a un punteggio di 100, furono la coppia Otis Toole e Henry Lee Lucas, insieme probabilmente furono responsabili della morte di quasi 80 persone, avevano un'intelligenza che oscillava vicina alla disabilità cognitiva(ritardo mentale) circa un punteggio in deviazione standard 15, fra 80 e 89. In particolare è curiosa la figura di Otis Toole, omosessuale e sessualmente deviato(eccitato dal fuoco), nonostante la sua totale disorganizzazione, può essere considerato uno degli assassini più

pericolosi che agirono negli Stati Uniti, fra gli anni
'70 e l'inizio degli anni '80.

Ciò che affermerò in quest'articolo rappresenta
una verità, in quanto nel giornalismo sarebbe

opportuno categorizzare questa tipologia di articoli con il nome di scritti-realtà. Stavo ritornando a casa, in una fredda mattina d'Ottobre, era circa ora di pranzo, infatti sarebbe opportuno definire la fascia temporale come mattina tardi. Abito vicino ad una scuola, una scuola media, vengo colpito da un evento che mi ha fatto rivivere parzialmente anche eventi legati al mio passato. Una ragazzina con una tristezza malcelata avanzava avanti seguita da altri ragazzi e ragazze della stessa età, insulti, minacce, grida quasi animalesche e di scherno rivolte ad una ragazza che non riusciva nemmeno a voltarsi per la vergogna, un vero e proprio attacco verbale che non è riuscito a lasciarmi indifferente. Si sentono le grida, le minacce a sfondo sessuale, discriminatorio, a livello sociale, insomma molte provocazione da parte di un "branco" nei confronti di un individuo singolo. Rimango indispettito, osservo la scena, seguo i ragazzi per un certo tratto, pronto ad intervenire nel caso che dalla violenza psicologica dovuta a risa di scherno e gravi offese si trasformi in una violenza fisica, rimango vigile, attento, impassibile, con la volontà di trattenermi e di gestire l'eventuale situazione con una calma che esprime solamente una costante irrealtà in quanto l'evento mi tocca nel profondo e provo una profonda rabbia, rivivo ciò che ho vissuto in passato, mi fermo vedo la ragazza prendere una direzione e il ''branco'' non la segue proseguendo la loro attività all'interno della metro, tiro un sospiro di sollievo ma ora voglio porre una riflessione di natura superfilosofica sulla fenomenologia del bullismo. Ho assistito ad un evento, dopo esserne stato vittima per circa tredici anni. Ho compreso che la rabbia nei confronti di un ''branco'' è qualcosa di indescrivibile rispetto a quanto ne sei vittima, la vittima si chiude psicologicamente concentrandosi sulle proprie irreali e quasi ''metafisiche'' imperfezione dovute ad una deformazione dell'identità sociale per via delle manifestazioni di violenza da parte di chi si reputa migliore con atti a mio dire che non sarebbero nemmeno categorizzabili a livello umano, mentre chi lo osserva se ha sufficiente empatia, si accorge che la ferocia con la quale vengono ''scagliati'' determinati atti di violenza sono dovuti a problematiche psicologiche talmente forti che l'insicurezza e la probabile difficoltà a trovare una via di espressione portano il bullo a scaricare i propri problemi contro chi non è ha realmente. Chi è vittima di bullismo non ha problemi, gli vengono solamente prodotti, fate sentire la vostra voce!

La degenerazione culturale vista dagli occhi di un

ragazzo

Sarebbe inopportuno rivolgere l'oggetto di un articolo di giornale ad un personaggio che nonostante i tentativi di emergere all'interno della struttura mediatica italiana, è sempre rimasto nell'ombra, nonostante seguendo una mia personale linea di pensiero, personifichi in pieno la pseudo-filosofia del trashismo o meglio come la intende il personaggio in questione del dipreismo. Una forma di pensiero carica di astrazione e degenerazione che a quanto pare è riuscita a insinuarsi anche in minima parte all'interno della mente degli adolescenti. Andrea Diprè rappresenta un ''modello'' la cui conformità è così grave che rappresenta a quanto pare, come si sia sviluppata e radicata la forma di pensiero delle nuove generazioni. Il consumo di droghe, avere rapporti sessuali in continuazione, mettere in risalto con ''interviste'' persone di dubbia natura morale ed etica, i quali si sono fatti strada con l'incoscienza o la semi-coscienza di poter esplorare una realtà dove più si commettono azioni improprie e più si viene considerati, una rappresentazione che definisce l'immagine di uno stato o meglio di un popolo, o ancora il nuovo popolo dove le fondamenta etiche e civili si disperdono nell'assurdo. Il dipreismo, è una forma di pensiero in ogni modo, riflette lo specchio di nuove generazioni dedite nel giudizio di un individuo sulla base dei like, follower, o sulla base di personaggi che siano o no intervistati da Diprè, rappresentano idealisticamente che nella realtà attuale, l'impegno, la forza di volontà, la voglia di riscatto sociale, non hanno più alcun significato se paragonato al fatto che basta mettere un video su youtube, dove si è vestiti in modo ridicolo oppure attuando pseudo-parodie di qualunque oggetto o soggetto reale, cantando parole senza senso, subito avviene un passaggio che porta chi compie queste azioni, ad essere riconosciuto, o meglio a diventare semplicemente "famosi". Pongo memoria che l'Italia è un paese con una storia importantissima, nelle arti, nelle scienze, nella letteratura, e in diversi campi del sapere della conoscenza pura. Un paese, patria di Benedetto Croce, Sandro Pertini, Ennio Morricone, Enrico Fermi e anche del recente vincitore del Premio Nobel per la Matematica Alessio Figalli. Una nazione che è stata al centro della realtà storico-culturale per l'esistenza di uomini che oltre alla realizzazione concreta del sapere, hanno realizzato la "storia" nel vero senso della parola. Al sorgere del XXI secolo, un'apocalisse, sta giungendo, una degenerazione culturale, dove chi è stato emarginato dalla società negli anni precedenti, sta lentamente portando alla degenerazione sociale e morale uno stato sotto la maschera della fama. Un termine che al giorno d'oggi, riesce a catturare molti giovani, prima attraverso i social e poi con la televisione, i talk-show, e tutto ciò che permette la condizione di apparire e sembrare costantemente più importante degli altri…

La differenza fra Liberalismo e Liberismo

secondo un giovane liberale

Nell'individuazione fra le differenze fra Liberalismo e Liberismo, la prima sostanzialmente e concettualmente la più significativa è rappresentata dal punto che il Liberalismo rappresenta un sistema politico, mentre in liberismo un sistema economico. Il padre del Liberalismo, nell'ambito della Filosofia Politica fu Locke oltre a Costant. Liberalismo coincide con l'aspetto in chiave analitica in ambito politico di Stato Costituzionale e libertà politica. Esso è differente dal libero commercio e dal libero mercato, elementi dottrinari che appartengono al liberismo in chiave economica. In chiave politica lo stato liberale, si organizza come uno stato dove il potere è ridotto nei confronti dell'ente statale. Il liberalismo come dottrina politica dal punto di vista teorico viene sovvenzionato quando possiede un'economia di mercato, inoltre l'aspetto più importante del

Liberalismo è rappresentato dal concetto di proprietà privata in ambito filosofico. Dal periodo romano fino al XVIII secolo, vi è la condizione dove la libertà era in funzione della proprietà. Lo Stato Patrimoniale non era concretizzato come uno Stato Economico, quindi dire che il liberalismo sia una sovrastruttura della società che produce delle illusioni ideologiche come definito dal filosofo Karl Marx, teorico del comunismo, è errato, in quanto il Liberalismo rappresenta l'unione tangibile di concetti e di valori come proprietà (possesso) e libertà politica. La dottrina liberale, difende l'individuo, una proprietà di garanzia sociale e non strettamente collegato all'ambito quantitativo dell'Economia. Lo Stato Liberale anche analizzando gli eventi più significati post Rivoluzione Russa, perderebbe contatto con la realtà se inserito in un dualismo con un economia di ''stampo'' comunista. In quanto cadrebbe proprio il concetto fondamentale di proprietà privata , da cui deriva il liberalismo stesso e la sua essenza filosofico-politica e dottrinaria. Il Liberalismo rappresenta una libertà interpretabile in diversi spunti ma che

sicuramente non troverebbe sbocco se applicata
a fattori inseriti in una dimensione marxista della
storia e della realtà.

I "criminali" o perlomeno gli individui responsabili
di dinamiche criminose e volte all'attuazione del
male vengono presi in considerazione
nell'immaginario collettivo come persone con il
male presente all'interno della propria natura.
Una coscienza caratterizzata dalla distorsione
mentale, un'oggettivazione socialmente
differente rispetto ad un individuo con una
modalità comportamentale nella norma, sotto
vari profili. Infatti secondo gli studi attuati
nell'antropologia di Cesare Lombroso, coloro che

erano responsabili di comportamenti deviati presentavano tratti somatici grotteschi i quali dal punto di vista metafisico rispondevano alla propria natura indirizzata verso il "male". Analizzerei in particolare il caso di un serial killer italiano, Donato Bilancia, responsabile di vari omicidi in Piemonte e in Liguria, nel biennio 1997-1998. A mia impressione, nella personalità di Bilancia si possono trovare punti incisivi e focali, se chi adotta una condotta socialmente parlando "anormale", rappresenta un aspetto della coscienza intrinseco nella propria natura, oppure rappresenta un mutamento della psiche attraverso il tempo. Bilancia, comincia già ad adottare modalità comportamentali devianti a partire dell'adolescenza, dedito al furto, dedito al gioco d'azzardo e in ogni modo alla concretizzazione di comportamenti al di fuori della sfera legale. Successivamente però sul finire degli anni'80, subisce la perdita del fratello assieme al nipote, vittime di un atto suicida del fratello stesso. Questa perdita, oltre a un coma, che Bilancia stesso subisce agli inizi degli anni'90, alterano sensibilmente il suo status psichico, amplificando i disturbi mentali di cui egli soffriva fin dalla giovinezza. Ciò costituisce l'antefatto dei suoi diciassette omicidi, i primi rivolti per motivi di denaro nei confronti di un cambiavalute e successivamente anche per rapina, ma poi a partire dal 1998 uccise varie prostitute, aspettandosi con loro per consumare dei rapporti e successivamente arrivando a freddarle a colpi di pistola, in uno di questi atti di violenza, Bilancia uccise due metronotte arrivati in soccorso della transessuale Lorena con la quale Bilancia si era appartato in una villa del basso Piemonte, ella riuscita a scampare dell'attentato omicida del killer, riuscendo ad avvisare la polizia notturna. Ora Donato Bilancia, deve scontare tredici ergastoli per circa diciassette vittime accertate, è probabile che nelle personalità insondabili,violente, e anche completamente "disturbate" come le sue è possibile risponde pienamente all'interrogativo di come si struttura e nasce nel tempo la personalità di un assassino.

L'ultimo delitto degli assassini seriali denominati dai mass media italiani come ''Mostro di Firenze'' attuato nel 1985 nella frazione degli Scopeti nella campagna toscana mostra un'ulteriore indizio su uno dei casi più controversi della cronaca italiana negli ultimi quarant'anni. Sarebbe stato ritrovato all'interno di un cuscino, un proiettile sparato dalla pistola del ''Mostro'' una beretta serie H, il quale grazie agli sviluppi delle tecniche forensi abbinate all'applicazione della biologia permetterebbe di ricavare il DNA dal proiettile in modo tale di fornire ulteriori indizi o in alternativa di poter identificare chi è stato realmente l'esecutore materiale degli omicidi. Un caso che ha trovato solamente molti possibili e ipotetici colpevoli, con nuove teorie, nuovi spunti, nuovi ''mostri'' che hanno confuso, portato su altre vie le forze dell'ordine, l'investigazione e anche la scienza forense in senso largo. Il primo delitto avvenne nel 1968 dove la coppia di amanti Antonio Lo Bianco e Barbara Locci trovarono la morte con la stessa pistola serie H, fino all'omicidio della ''Boschetta'', in cui Claudio Stefanacci e Pia Rontini vennero uccisi con tecniche così orribili in modo ancora più brutale di un'esecuzione. Proprio a partire da quegli anni, spuntò la matrice esoterica, individuata dal criminologo Francesco Bruno, le cui perizie rappresentarono un dato fondamentale nel rilevamento di ossa e teschi umani ritrovati nelle campagne umbre fra la fine degli anni'80 e gli inizi degli anni '90. Uno scenario macabro e terrificante che non ha trovato lo sfogo necessario mediato dal principio di verità per poterne far luce, quasi astrazione che si compensa con l'individuazione di una nuova prova, sperando che non si tratti un'altra ipotesi, ma solamente un aspetto concreto e definitivo su una storia che interesso l'intera nazione italiana sulla quale ancora nessuno era riuscito a scrivere la parola fine.

Democrazia e Repubblica

La democrazia diretta è il sistema politico che si afferma in Grecia durante la prima metá del V secolo A.C . Un sistema di governo caratterizzato dall'affermazione autonoma del popolo Il "demos" all'interno della polis,la cittá stato, concepita nella cultura filosofica come un entitá olistica ove il polites, ovvero il cittadino trovava la propria realizzazione civile e politica. Questa sistema si afferma in Grecia ed è molto lontano dalla democrazia rappresentativa sulla quale si fonda la Repubblica Parlamentare

Italiana, dove il popolo elegge i propri rappresentanti che governano in nome della collettività. Questi due sistemi politici in astratto vengono concepiti come due sistemi democratici, tuttavia sul piano pratico vi sono delle profonde differenze in quanto storicamente la democrazia rappresentativa si afferma in un mondo o meglio in una struttura istituzionale Repubblicana, ove il Repubblicanesimo come concezione filosofica è nettamente antitetica alla reale democrazia che trova piano di risoluzione nel mondo greco. Infatti La democrazia greca rappresenta una visione della realtà politica totalmente distinta da tutte le altre democrazie che vengono concepite come sistemi politici alternativi alla democrazia stessa (il sistema governativo greco). Aristotele, può essere considerato il padre della Repubblica Aristocratica, egli sosteneva una tesi ripresa poi da Guicciardini e da Jonh Adams, secondo la quale un sistema politico doveva attuarsi sulla base di chi deteneva il potere economico e graduali rilevanza sociali. Secondo questo filone di pensiero, il problema era costituito dalla maggioranza, quindi la classe aristocratica doveva essere ben formata per governare una collettività che nel suo insieme potrebbe costituire un danno per la stessa societá. Il filone di pensiero definito come "Repubblica democratica" viene invece sostenuto da pensatori come Machiavelli e Jefferson, più importante esponente dell'illuminismo americano. Secondo questo filone di pensiero, il problema è costituito dalla minoranza, infatti la domanda diviene, chi governa è affidabile e privo di ogni corruzione? Il problema principale è quello di garantire il bene comune, inteso come benessere e felicità del popolo governato. La Repubblica Democratica verrá avvalorata dalle tesi di Montesquieu autore dello "Spirito delle Leggi"(1748), dove egli teorizzerà il principio di separazione fra i poteri. Inoltre la Repubblica Democratica viene sancita nella nostra nazione, il 1 Gennaio 1948, con la strutturazione in Stato Costituzionalista fautore di libertá e diritti fondamentali dell'uomo, sotto il profilo democratico.

Il liberalismo in Filosofia: Kant

Immanuel Kant teorico dell'illuminismo può essere considerato uno dei pensatori più influenti nell'ambito della cultura liberale. Kant è di origine tedesca, nonostante nasce in una città che a livello geografico attualmente si trova in Russia. Vive durante il governo illuminato di Federico II di Prussia, una monarchia assoluta che per alcuni principi si avvicina alla forma di Stato Liberale (o di Diritto) nel XIX secolo. Kant con le sue teorie trascendentali sia sul piano gnoseologico che sul piano morale e anche a livello politico, costituisce i presupposti per far in modo che la visione della realtà costruisca un' evoluzione che portò lo Stato a inserirsi in un contesto democratico e soprattutto liberale. Ogni aspetto del pensiero kantiano si prospetta "rivoluzionario", nella sua opera più nota, la Critica della Ragion Pura individua come il mondo reale sia inserito in una metafisica non accessibile all'uomo, i fenomeni sono inseriti in categorie e la realtà è individuabile come principio d'intelletto. La razionalità come principio di conoscenza rappresenta per Kant il mezzo per entrare in contatto con gli oggetti "Per come lo sono in realtà " , la razionalità stessa è anche il modo che rappresenta il mondo liberale, ove solo la Ragione può conoscere tutti gli aspetti concettuali dell'essere.(Questi visione verrà deformata da Hegel, che costituì un sistema filosofico "comodo" per l'affermazione politico-religiosa dello Stato Prussiano per altro patria di Kant). Il mondo per come lo è attualmente, un mondo liberale e democratico è accessibile solamente con quella forma di pensiero critico razionale individuato da Kant per la conoscenza. Soprattutto egli costituisce in una sua piccola opera di emblema politico" la Politica per la Pace" , principi che saranno alla base delle regole del Diritto Internazionale. Ove gli stati vengono visti come soggetti di Diritto, i cui rapporti devono essere regolati mediante una confederazione. Kant nella sua visione liberale aveva previsto un processo di integrazione forse in maniera differente, ma che oggi è alla base dei principi europeisti, evitando lotte e guerre fra stati che appartengono a una medesima realtà, la realtà liberale.

L'Economia da sempre affonda le sue radici nella Politica, una correlazione profonda riscontrabile nelle scienze quanto nella matematica, nella letteratura quanto nella filosofia, anche la Politica produce su diversi fronti una contestualizzazione di natura economica. Fu un italiano, esponente della destra storica, del conservatorismo liberale, quasi più un filosofo che un politico, quest'uomo fu Camillo Benso di Cavour, primo ministro del Piemonte appartenente al Regno di Sardegna. Attraverso la sua produzione intellettuale, fu possibile contestualizzare come nelle sue idee, da un mutamento economico vi era anche un mutamento politico, di conseguenza proprio attraverso Cavour è pensabile la correlazione più netta fra la dimensione politica, del linguaggio, delle opinioni,decisioni e idee, alla dimensione economica le cui idee politiche producono mutamenti nella circolazione del denaro e quindi anche dell'Economia per via di determinate decisioni politiche, anche per via di un preponderante apparato giuridico. In realtà questa profonda correlazione viene individuata da Karl Marx, filosofo del comunismo, nonostante ciò nel caso del filosofo tedesco sarebbe più corretto parlare di Economia Politica, la quale viene analizzata mediante una profonda analisi scientifica nel "Capitale", il suo capolavoro, pubblicato nei primi anni '60 del XIX secolo. Nonostante ciò in Marx è possibile cogliere il concetto di mutamento, nella dialettica storica, dove la storia produce dei cambiamenti anche per certi frangenti di natura economica e politica nel corso del tempo, la dialettica marxiana viene ripresa da Hegel, uno dei primi filosofi ad applicare la metafisica al diritto. Esaminando in maniera più concreta il collegamento intrinseco che vi è fra l'Economia o la Politica, questo è possibile individuarlo in Keyes, economista di origine britannica, il quale mise in guardia l'Europa dell'imminente crisi economica dopo il primo conflitto mondiale, terminato nel 1918. Le teorie di Keynes furono prese come modello di sperimentazione politica per gli Stati Uniti negli anni'30. Infatti il presidente Franklin Delano Rooselvelt applicò con successo i pensieri e le idee di Keynes, quasi eliminando il debito pubblico e l'inflazione prodotta dalla crisi del '29, soprattutto riducendo gli interessi dei privati , producendo nuovi posti di lavoro con opere di interesse pubblico e sovvenzionamenti agricoli per i contadini in proporzione alla loro produzione per favorire l'incentivazione e soprattutto deviando la naturale tendenza del mercato ad equilibrarsi secondo l'Economia Classica, ma creando uno squilibrio che avrebbe trovato un equilibrio artificiale ma concreto.

Manipolazione mediatica sulle violenze?

Secondo la Costituzione Repubblicana, nei primi dodici articoli contenenti le norme costituzionali, è incluso il principio personalista che tutela ogni soggetto di diritto (persona) a prescindere dal sesso e da qualunque altro tipo di distinzione religiosa, linguistica, sociale e razziale. A mio avviso è rilevante uno di questi diritti, rappresentato dall'articolo relativo all'integrità fisica e morale della persona. Attualmente, il fenomeno sociale "Violenza sulle donne", viene definito come il "non plus ultra" delle violenze. Ovviamente è ingiustificabile questa forma di violenza, ma sempre secondo l'assetto democratico della nostra nazione, su un sistema politico costituzionalista, sono state eliminate a partire dalla legge 25 Maggio 1975 ogni differenza sul piano giuridico e morale nei confronti dei sessi, lo Stato si mostra imparziale su ogni punto di vista nei confronti dei cittadini o meglio delle persone trascurando il piano civile. Mi chiedo perché questa violenza deve essere manipolata come uno strumento di audience, ove nemmeno gli uomini, colpevoli di attuare violenze pare che anche essi non siano soggetti ad alcun tipo di umiliazione. Vi sono vari casi, dalla mutilazione degli organi genitali (Caso Bobbit, Stati Uniti, anni '90), a casi attuali, uomini che subiscono atti di violenza attraverso l'acido o anche a livello psicologico da parte delle loro consorti. Nessun tipo di violenza deve essere sminuita, ogni essere umano a prescindere dal sesso, dotato di emozioni, sensazioni e di una propria sfera emotiva se sottoposto a violenze soffre. Violenza è bullismo, cyber bullismo, violenza sugli uomini e sulle donne, sugli animali, tortura e altre varie forme come la violenza psicologica. Stop ad ogni tipo di violenza, alla violenza in generale, ad ogni forma di violenza.

John Locke, filosofo e medico britannico, vissuto fra il XVII e il XVIII secolo in Inghilterra, oltre alla sua notevole produzione intellettuale nell'ambito puro e speculativo della filosofia, connettendoci all'empirismo,corrente di pensiero che vede la realtà vivibile e comprensibile a livello conoscitivo solamente attraverso l'esperienza sensibile, esso attua una riflessione politica non comune, che sposa diversi ambiti della vita civile e sociale. Locke, è il teorico dello Stato Liberale, che a livello istituzionale garantisce libertà civili e politiche, una tripartizione dei poteri, una costituzione che seppur flessibile innova la politica di quel tempo mediante lo sviluppo di una nascente democrazia. In particolare però, nella speculazione dell'idealtipo di questa forma di Stato, egli individua il principio di sovranità sociale, ovvero la proprietà privata, un aspetto da non sottovalutare per via del suo impatto nella realtà economico-sociale del secolo successivo. Infatti L'uomo nelle società premoderne, riusciva a rendere reale la sua protezione mediante il vincolo di appartenenza ad una comunità, tuttavia ciò non permetteva l'integrazione dell'uomo nella realtà politica e nemmeno la concretizzazione del processo di individualizzazione, ovvero rendere l'uomo cosciente della propria essenza in ogni tipologia di contesto reale. Avveniva uno scambio fra libertà e sicurezza che Locke non solo abbatte con l'idea di uno Stato Liberale ma rende possibile la libertà dell'uomo attraverso la proprietà privata, ovvero il possesso di un oggetto nella realtà permetteva all'uomo di sentirsi autonomo, distinto e non più parte di un aggregato sociale privo di essenza e sostanza. Non era più necessario scambiare la propria libertà con la propria sicurezza, sono proprio gli stessi diritti civili, politici, economici e sociali, la proprietà privata a garantire l'equazione fra libertà e sicurezza, ove ogni uomo nella realtà liberale si sente sia privo di restrizioni morali o fisiche, e totalmente sicuro poiché tutelato dallo stesso stato che gli permette una piena integrazione, anche nell'aspetto politico.

Platone Totalitario?

Il filosofo greco Platone, massimo esponente del pensiero politico durante il IV secolo A.C. e anche padre della filosofia politica, nonostante abbia attuato un connubio fra metafisica e politica, costruendo una forma di governo ideale opposta al sistema politico democratico ateniese, mostra una visione che "se" applicata nella realtà pratica dimostra molte incongruenze sotto diversi profili di natura politica. Platone sostiene la tesi del "governo dei custodi", ove i filosofi sono al potere per la motivazione che essi hanno una completa conoscenza della realtà scientifica e una profonda cultura in ambito storico ed etico.

I principi sui quali egli basa la sua tesi sono: i filosofi sono a conoscenza del bene collettivo per lo stato, i filosofi non possono mettere prima i loro interessi personali allo stato, i filosofi sono gli unici dediti alla ricerca della verità. Questi presupposti possono essere validi solamente in quel contesto culturale, ovvero dell'Atene classica, nonostante ciò vengono sottovalutati aspetti come: Perché il popolo non possiede questa conoscenza? Realmente questa profonda conoscenza della Scienza del Governo è funzionale per un ''buon governo''? Soprattutto, poiché si sottovaluta l'individuo stesso, se ogni persona è dotato di razionalità e di etica interiore, perché non può mettere a frutto ciò, nelle proprie scelte politiche?

La questione principale, che intendo sottolineare è rappresentata dal fatto che Platone sostiene che il ''demos'' debba adeguarsi alle scelte di una classe di filosofi-scienziati che per postulato conoscono questo bene comune, quindi una minoranza ristretta che decide per un'intera collettività, un intero popolo, elemento personale dello Stato..

Quindi se consideriamo che i governi, le forme

che ha assunto lo Stato nel corso della storia ove vi era una minoranza che sceglieva senza il consenso della collettività, vi sono stati totali disconoscimenti di libertà civili, politiche, economiche e soprattutto sociali. Una negazione totale di ciò che ora definiamo "Stato di Diritto" o "Welfare State". Nella maggior parte dei casi, il nazismo, il fascismo e le dittature militari nei paesi sudamericani sono state le conseguenze della tesi "Governo dei Custodi" se applicata ad uno stato dove il sistema politico è la democrazia.

Marx antiliberale e contraddittorio

Karl Marx, teorico del comunismo e di molte opere che denotano una vasta cultura filosofica di concezione materialistica, nella sua previsione antiliberale relativa alla fine del capitalismo come sistema economico, mostra evidenti contraddizioni. Egli sosteneva che lo Stato doveva indirizzarsi verso un sistema pubblicista nell'ambito economico in modo tale da rendere impossibile la filosofia della privatizzazione, eliminando la proprietà privata concezione fondamentale in ogni stato di diritto e soprattutto in ogni stato democratico. Ciò secondo l'eminente pensatore era il presupposto fondamentale per la realizzazione della "lotta di classe", mobilitazione sociale che avrebbe conseguito teoricamente l'attuazione di una società priva di classi, la cosiddetta "società comunista". Ciò va contro due principi del suo pensiero:Dialettica – sostenendo che nel corso della storia, la dialettica Marxiana prevedeva una classe dominante e una classe dominata, come avrebbe potuto realizzarsi ciò nella realtà storica? Una società priva di un dominatore e un dominato, sempre secondo lui stesso. La seconda contraddizione, fondamento della sua dottrina astratta e antidemocratica è rappresentata da una classe che instaura una società priva di classi. Quindi il quarto stato (proletariato) avrebbe realizzato ciò? In base a quali elementi una classe può abolire le classi esistenti e soprattutto la stessa classe di cui fa parte? …

Innumerevoli testi di Sociologia e Psicologia, individuano come causa della predisposizione nell'attuare modalità comportamentali psicopatiche e devianti, i fattori sociali più significativi come bassa istruzione, contesto familiare violento, violenze subite fin dall'infanzia e comportamenti disturbati nella fase pre-adolescenziale come ad esempio(torturare animali). Nella personalità dell'omicida Angelo Izzo, fautore principale del massacro del Circeo, elementi innovativi che non rientrano nella sfera emotiva e sociale, ma singolarmente a livello biologico. Izzo, infatti nasce in un contesto familiare caratterizzato dalla ricchezza economica e contesto culturale influenzato dagli studi classici nella Roma "bene" e nel periodo del massacro del Circeo, studente di Medicina. In

Izzo quindi non vi è un riscontro pratico con le oggettivazioni che rendono il "killer" tale, ma è possibile definire come Izzo a livello biologico sia uno psicopatico "puro". Nella sua personalità troviamo la mancanza di rimorso,l'impulso omicida a sangue freddo, la distorsione mentale relativa anche sotto la sfera socio-politica. Izzo aderì alla pseudo-filosofia nazista, negli innumerevoli colloqui effettuati in carcere vi sono riscontri della sua visione "della bestia potente che uccide il debole in difficoltà". Tali elementi sono riscontrabili nel romanzo "The Mob", scritto in carcere a partire dal 1975, anno nel quale viene catturato e condannato. Ciò è una breve sinossi ma che è fondamentale nella comprensione che tale tipologia di personalità non può essere solo studiata dalla psicologia o dalla sociologia, ma anche da principi biologici funzionali per la definizione di un profilo complesso distinguibile dai cosiddetti stereotipi letterari e cinematografici, fattori influenti dell'opinione pubblica inerente a tale tema.

L'attuale sistema politico che configura lo stato costituzionalista (Welfare State) è la democrazia rappresentativa. Principio di sovranità popolare, il popolo è sovrano ovvero detiene il potere politico nell'elezione dei rappresentanti costituenti del Parlamento, organo che detiene la potestà legislativa. La democrazia rappresentativa deve godere di un altro elemento per potersi instaurare all'interno di un determinato stato, ovvero la poliarchia. Poliarchia=istituzioni politiche distribuite nel territorio nazionale le quali trovano la loro concretizzazione all'interno di un insieme di istituzioni economiche, che necessitano di un sistema adeguato sotto questo profilo. Il Welfare State è noto per essere l'espressione finale dello Stato Liberale teorizzato da Jonh Locke, uno Stato che ha trovato la sua concretezza nell'affermarsi nella filosofia della privatizzazione economica, ovvero l'opposizione ad un sistema economico nazionalizzato e pubblicista. Con ciò voglio affermare che è necessario un ''giusto'' ma soprattutto reale equilibrio economico fra settore pubblico e settore privato, con un eccesso del primo si avrebbe uno stravolgimento del Welfare State e minerebbe le libertà economiche del singolo enunciate nella Costituzione Repubblicana(1 Gennaio 1948), nel secondo caso si assiste al fenomeno delle multinazionali, l'internazionalizzazione economica ove le multinazionali dotate di un consiglio d'amministrazione ove i componenti non rispondono negli interessi economici del loro Stato ma della multinazionale stessa, andando aldilà dell'ordinamento economico nazionale. Un equilibrio reale fra questi due aspetti (pubblico e privato), favorirebbe lo sviluppo delle poliarchie e quindi un processo democratico che aumenterebbe la ricchezza nazionale e il reddito del singolo favorendo il benessere comune, principio fondamentale per ogni cittadino e soprattutto per il Welfare State.

1 Gennaio 1948, una salvezza istituzionale

La Costituzione Repubblicana, rigida in quanto
non può essere modificata da leggi ordinarie,
lunga(suddivisa fra libertà civili, politiche,
economiche, etiche e sociali e l'ordinamento
della Repubblica) è un documento fondamentale,
proprio poiché nella seconda parte relativa al
Parlamento si fa riferimento al principio del

bicameralismo perfetto funzionale ad distribuire il potere legislativo ad un assemblea bicamerale. Ciò secondo le mia idea è stata una vera e propria salvezza istituzionale, la tesi istituzionale bicamerale sostenuta dai democratici rappresenta il principio unico per cui, ora siamo in uno Stato Liberale, ove la legge regna sovrana e l'uomo viene riconosciuto in quanto persona. In particolare, bisogna ricordare che la seconda e più pericolosa tesi istituzionale sostenuta dagli esponenti del Partito Comunista, riguardava un'assemblea monocamerale che avrebbe provveduto a mascherare la democrazia liberale, il potere distribuito privo di consultazioni e nessun senato o camera dei deputati, e forse ponendo una previsione totalmente ipotetica, chissà se oggi ci ritroveremo considerati istituzionalmente in uno Stato Liberale?

A livello normativo, la riforma attuata nel biennio 1988-1989 ha consentito la modifica del modello processuale penale, da "misto" ad accusatorio. Tecnicamente nella realtà sostanzialmente "non democratica", il sistema penale era caratterizzato da pregiudizi di fatto, fra il magistrato e l'indagato. Tale modello veniva definito come inquisitorio, il magistrato ricercava le prove contro il soggetto che veniva accusato di aver commesso un reato, non vi era un limite costituzionale all'ammissibilità delle prove, (l'inquisitore poteva ricorrere ai mezzi più estremi per ottenere una confessione), vi era una molteplicità di impugnazioni e soprattutto chi veniva accusato veniva definito come "presunto colpevole", in quanto veniva attivata a partire dalla notizia di reato la carcerazione preventiva e le relative misure cautelari dal profilo giudiziario. Tale Modello Processuale Penale vigeva principalmente in un sistema politico dominato dalla monarchia, in ogni caso anti-repubblicano. Verso la fine degli anni '80, vi è stata una riforma che ha introdotto un nuovo codice di Procedura Penale suddiviso in 11 libri, che hanno come oggetto, la statica del processo penale e i relativo iter dinamico a livello tecnico di come si svolge un processo. Con la riforma dell'articolo 111 della Costituzione inoltre fra i vari commi, in particolare introduce il termine "Giusto Processo", in quanto i reati devono essere accertati mediante un processo penale e non mediante atti amministrativi come avveniva in realtà antiliberali e antidemocratiche(come per altro è avvenuto nel corso della prima metà del XX secolo). Il Modello Processuale Penale introdotto con tali riforme legislative, tutelano tutte le figure definite nella realtà processuale a livello costituzionale, ogni atto anche a livello giudiziario deve rispettare il principio di legalità e quindi la legge stessa, attuandola sotto la modalità più consona in uno Stato Democratico e Costituzionalista.

Oggi mentre ero assorto nelle mie riflessioni filosofiche relative alle modalità con le quali viene svolto l'approccio politico in questa realtà nazionale, ho incontrato casualmente una persona che ha dato un grande contributo al Liberalismo, il padre fondatore sotto il profilo ontologico e gnoseologico: Immanuel Kant, padre del Liberalismo tedesco. Davanti ad un caffè, gli ho posto due domande informali ma secondo me molto importanti, anche per costruirci delle riflessioni.

Signor Kant, lei come pensatore cosa ha da dirci rispetto a come viene svolta la "politica", in questo paese?

Lei, Giulio Romano ha detto bene, la politica è una tecnica, un arte non una disciplina scientifica

come le scienze matematiche e fisiche. Io mi
postulo coerentemente con il mio pensiero che
ciò che avviene in questa realtà nazionale,
l'Italia, non è reale liberalismo. La coscienza non
può abbassarsi ad inganni, giochi di potere,
manovrazioni intellettuali che non permettono il
reale progresso umano per svolgere in maniera
adeguata il benessere per l'entità giuridico-
politica di ciò che viene definito Stato. Il
Liberalismo è progresso, fondamento politico
della natura umana che deve evolversi e
progredire ideologicamente per donare "purezza"
democratica ad ogni paese. Il Liberalismo
abbatte il conflitto e accresce cultura e
conoscenza, in parole povere, esso migliora se
svolto mediante le modalità corrette l'uomo.

Nella sua opera pubblicata nel 1788, "La Critica
della Ragion Pura", si potrebbe dire che la
morale è l'unica chiave di lettura per accedere
alla verità sulla realtà? Ma anche politicamente?

In questa mia opera, sottolineo che essa è funzionale per comprendere la verità sul mondo, i fenomeni reali nascosti davanti agli occhi dell'uomo. Per quanto riguarda l'aspetto politico e non metafisico, è sicuramente una chiave di lettura rilevante. Gli uomini politici necessitano di un Codice Morale, il quale non è l'aspetto mero filoparlamentare (organo tecnico per svolgere teoricamente un "Buon " Liberalismo), ma una morale interiore che li guida nelle scelte da compiere, distinguere concettualmente bene e male, quindi aspetti positivi e negativi per fornire un attento feedback sul livello spirituale nelle motivazioni ed i principi da attuare ed interiorizzare in ogni anima, per la Giustizia Universale nella sua applicazioni nei vari campi possibili.

Per un Liberalismo ed un futuro migliore, la ringrazio sentitamente.

Ad Immanuel Kant.

Riflessioni sul futuro attraverso l'approccio liberale

Io, Giulio Romano Carlo per la mia giovane età (20 anni non ancora compiuti) sono io stesso militante del fronte "giovane" del Partito Liberale Italiano. Brevemente, espongo il motivo principale per il quale bisogna costruire un futuro sul Liberalismo stesso. Lo Stato Italiano, è lo stato liberale per eccellenza, tutto ciò viene anch'esso definito nella Costituzione Repubblicana del 1948, la classe politica è essenziale come memoria storica non solo, nel profilo politico ma anche nell'aspetto etico e sociale. Il problema che sorge nella mia mente, riguarda "l'antipatia" dei miei coetanei non solo nei confronti del PLI, ma nei riguardi della politica come concetto. A partire dal 1992 vi è stato un cambiamento così forte sul piano sociale che oramai, il concetto di politica viene adottato come sinonimo di espressioni negative invece che di "cultura" o anche in maniera più labile "evoluzione del pensiero". Mi trovo nel Partito più rappresentativo della nostra nazione, sia sotto il profilo storico che filosofico, sotto un profilo che può essere anche definito come "pedagogico", in quanto l'insegnamento del pensiero liberale è sicuramente l'approccio più giusto per poter ricostruire questa nazione per la sua essenza di cultura e letteratura, arte e filosofia.

Oramai principi che alla nuova classe "giovane" pare non interessano più, ma individuo in questo mio discorso quasi angosciante della positività. Le proposte verranno fatte, ma oramai nella mia visione del reale, come aveva detto Nietzsche ci troviamo in un nichilismo culturale, la fase nella quale la nostra identità politica e sociale è completamente deformata da questo clima.

Ma come diceva Nietzsche, il nichilismo ha una fine, e a tale momento accade la nascita dell'oltreuomo, individuabile come l'utopico liberale. Il tempo non è mai nemico, e riprendendo un passo del mio romanzo "Fight Combatti il tuo Destino", " Forse il male non distrugge ma serve a ricostruire".

In questa realtà politica appartenere al Partito Liberale cosa significa esattamente? Dove si è collocati a livello politico?

Il Partito Liberale Italiano attualmente trova il suo sbocco nel centro-destra, ma possono esserci anche dei liberali che non condividono le idee della destra ma della sinistra?

Essere Liberali in realtà non significa avere uno schieramento predefinito da una parte o dall'altra, ma invece essere rappresentativi della democrazia, sistema politico sul quale si regge il nostro Stato, la Repubblica Italiana. Tali principi di libertà ed uguaglianza si configurano in una "Destra" Economica, con concetti come la proprietà privata e l'affermazione totale di libertà che richiamano alla filosofia della privatizzazione (articolo 41 della Costituzione). Una branca del Liberalismo, il liberalismo sociale si configura sicuramente a Sinistra, soprattutto a livello Costituzionalista con l'applicazione dei rapporti fra i soggetti di diritto in ambito sociale,etico,politico e civile. Diritti personalissimi che assicurano il totale rispetto della persona inteso come essere umano e non come consociato.

Il Liberalismo non conosce posizioni di destra o sinistra, ma racchiude tutti i principi positivi di tali schieramenti, in quanto a livello teorico rappresenta la dottrina sulla quale si regge il nostro Stato Costituzionalista e LIBERALdemocratico.

Prime pubblicazioni di un giovane della GLI

Pochi giorni fa, è stato pubblicato il mio secondo libro, l'antologia di racconti metaforici "Storie di Metafantasia" (Edizioni Progetto Cultura). Tramite queste mie prime pubblicazioni, la prima "Fight, combatti il tuo destino" mi accingo a rafforzare la mia idea di uomo come autore, a metà fra due mondi nel mio piccolo, la politica e la letteratura. Con tale seconda opera mi accingo a definire qualcosa di importante sia in senso stretto che in una prospettiva più ampia. Nel primo caso definisco il mio pensiero in tutte le sfaccettature della realtà (Politica, Metafisica, Fisica , Metamatematica..), nel secondo caso intendo dire che non bisogna arrendersi mai per costruire delle idee politiche ,economiche e sociali per dare contorno ad un mondo che è Liberale ma che purtroppo è contaminato dalle interpretazioni astratte di partiti politici che adottano ideologie non coerenti con la realtà, derivanti per altro da filosofie che non hanno mai trovato un risvolto concreto. Ad esempio, il Partito Democratico professa una dottrina così astratta che causerebbe problemi che andrebbero contro la stessa natura umana, basata su principi di libertà e giustizia, in quanto lo stesso PD riprende idee e principi di un filosofo Karl Marx che nonostante per quanto potessero affascinanti a livello teorico, le sue idee concretizzate hanno dato origine a dittature in Cina e Unione Sovietica. Intendo definire in tale mio articolo, il manifesto culturale ed ideologico delle mie idee politiche, soprattutto per rompere le barriere contro gli insulsi stereotipi filocomunisti inerenti all'intellettuale di Sinistra. Come autore e collaboratore giornalistico per "Rivoluzione Liberale", mi professo appartenente alla cultura Liberale. Idee che manterrò sempre e che definiscono la mia identità politica, sociale e culturale. Essere Liberali significa credere nella Giustizia, significa credere nel benessere comune, significa raggiungere la cosidetta "Felicità Politica", un piacere raggiungibile solamente attraverso la cultura del Liberalismo.

Le contraddizioni di un Partito...

Da buon Liberale, sostenitore dei principi relativi alla ''Destra Economica'' e del sistema politico sul quale si è retta la nostra nazione fin dall'emanazione del 1 Gennaio 1948, la Democrazia Rappresentativa, ho riflettuto in ragione di un' apocalisse politica, un incubo se può essere definito in qual modo, il nostro paese in mano all'attuazione concreta dei principi sui quali si regge il Partito Democratico. Innanzitutto mi rendo conto che ciò può apparire inverosimile, in quanto io a livello intrinseco, sostenitore di ogni democrazia reale posso realizzare come un incubo gli ideali di un Partito la cui denominazione è ''Democratico''?

Ovviamente no, se non che dopo un attenta analisi, il PD non è altro che la rappresentazione politica e sociale di un ''Comunismo Mascherato'', adeguato a sorgere entro i limiti imposti della legge (per altro concetto che appartiene in maniera naturale alla cultura liberale), per questo si fa chiamare ''Democratico'' e anche per vari motivi non può formalmente dichiarare i reali ideali, ''professati'' nelle sezioni locali ultrasinistroidi ove i giovanissimi discepoli di Karl Marx e Lenin si professano antifascisti e ''comunisti''. Analisi:

In questo Stato professarsi antifascisti non è che una tautologia, in quanto chiunque sia un fermo idealista della Democrazia è per esclusione antifascista. Il Fascismo rappresenta la deformazione più assoluta della natura umana, asservita al potere distorto di un dittatore produttore di una realtà politica che ha trovato in sé le proprie contraddizioni nella Storia. Durante il ventennio in cui l'Italia era uno Stato Totalitario oltre ai soliti ''comunisti'' e ''socialisti'' anche liberali, monarchici si professavano nella categorie di rappresentanti dell'antifascismo. Quindi è inutile dire che si è antifascisti, non avrebbe alcun senso in quanto come si può essere contro una realtà politica morta dopo il 1945? La stessa cosa di dire '' Mi professo antimonarchico'', dato che non vige più la monarchia, non avrebbe senso schierarsi contro una questione che non esiste più. Quindi i giovanissimi discepoli di Che Guevara, Marx, Lenin dovrebbero piuttosto dire ciò ''Siamo Comunisti'', '' Siamo contro la Destra'' , in quanto avrebbe certamente più senso. Sulla base che le idee marxiane e leniniste vennero poste in funzione di società diverse rispetto a quella Italiana che troviamo al giorno d'oggi, Ideologie astratte prodotte in momenti di disordine sociale e antidemocrazia (anche se il Comunismo, Leninismo e Stalinismo furono responsabili di diverse limitazioni della libertà politica, sociale ed economica), applicate anche in Cina, Albania e Romania, ideologie che produssero se attuate nella realtà regimi dittatoriali e totalitari, mi viene da ridere, se penso che le promesse del PD si professano contro ogni tipo di regime totalitario e di limitazione della libertà, quando la loro stessa ideologia che dichiarano nei loro momenti di intimità sociale è produttrice di una dittatura, eguale a quella che può realizzarsi applicando i principi dell'Estremismo di Destra. Sarebbe perfettamente inutile dire, che il Partito Liberale Italiano per quanto non consti di tale numero di discepoli, pronti ad inoltrarsi nei grandi stereotipi dell'Intellettuale Comunista, sia l'unico reale Partito che in maniera limpida possa esprimere ciò che realmente ha bisogno la nostra nazione per evitare la fine di quella Democrazia, fragile in mano a giovani nostalgici estremisti. Oramai sia da una parte che dall'altra, gli individui sono nostalgiche di un passato che non hanno mai vissuto o percepito. Chissà se tali persone sarebbero propense a vivere in una società senza classi, proprietà pubblica (in maniera moderna: dammi il tuo smartphone tanto non esiste più la proprietà privata), nessuno scambio economico con l'esterno (Stato Commerciale Chiuso) e diverse cose che da buon idealista liberale e democratico che ha studiato ''fortunatamente'' un po' di Storia e Filosofia e letto diversi libri di politica mi fan pensare solamente ad un apocalisse, ove le contraddizioni del pensiero del folle genio Karl Marx si stanno realizzando anche a livello del pensiero nella nostra realtà, che (fortunatamente) non ha ancora vissuto una realtà politica dove vigono gli astratti ideali comunisti…

Partiti Politici Anticostituzionalisti

"*Il Partito Nazista Americano* è un movimento politico statunitense. Il partito ha un organizzazione molto simile a quella dello NSDAP e fa esplicitamente riferimento all'azione di Adolf Hitler nel tentativo di trasformare gli Stati Uniti d'America da repubblica federale a Reich".

Così recita la definizione di un movimento o partito, come debba essere definito che seppur totalmente privo di equilibrio, principi e valori fondati sull'etica, la morale e la democrazia, esiste all'interno di una dimensione politica basata su una delle Costituzioni più innovative fra le fonti della legge che tutela l'uomo, ovvero la Costituzione federale del 1787 degli Stati Uniti d'America, al termine della guerra d'indipendenza. Tale partito esiste, e già questo appare grottesco, sembrerebbe addirittura una comica. Esiste nella realtà politica, un entità che richiamava ad uno dei movimenti più bui della nostra storia, un momento nel quale avvenne il totale disconoscimento dei diritti umani, in cui l'uomo non era più uomo ma solamente una "pedina", uno strumento dello Stato. Uno dei più grandi problemi di tale realtà politica è anche questo, una molteplicità di persone che credono negli astratti ideali hegeliani e filohitleriani relativi a questioni che vanno contro ogni tipo di questione politica. Infatti attraverso tale analisi storica questioni che fanno parte della dottrina ideologica di tale partito non dovrebbero nemmeno essere contenuti nella categoria "Politica" ma piuttosto all'interno di categorie come "Non siamo esseri umani". La politica rappresenta nella mia personale visione della realtà, nel mio pensiero ove regna solamente giustizia e diritti umani come valori assoluti sui quali si fonda il costituzionalismo liberale, non ha niente a che fare con xenofobia, omofobia e pensieri così spaventosi e carichi di ignoranza che rimandano a sottolineare come la "famosa" America vista dai gloriosi militanti salviniani come la nazione che ci ha liberato dal nazismo, in realtà è uno Stato totalmente pieno di contraddizioni soprattutto politiche e sociologiche. Lo Stato Americano, con una legislazione che permette l'esistenza di un partito come il PNA, rimanda alle profonde contraddizioni che tale paese ha sempre vissuto, nato per ragioni non politiche ma economiche (protesta del tè anni '70), con origini razziste(il Sud schiavista del XIX secolo) e peraltro abitato da Europei(gli unici veri americani, sono i nativi americani, gli indiani d'America, completamente sterminati fra fine '800 e inizio '900). Tali contraddizioni, per concludere questo mio piccolo breve accenno non si sono arrestate, ma invece unite e strette fra di loro come alleati che si odiano, per ottenere l'unico principio sul quale si regge tale Stato o unione di piccoli stati diversi fra loro in tutti i modi, il potere…

Salvini, uomo del popolo o nuovo "Augusto"?

Matteo Salvini, Ministro dell'interno e noto al grande pubblico con frasi di retorica "gli italiani sono con me", "io difendo i diritti degli italiani", sta mostrando segni in quest'anno di governo di una politica contraddittoria. Il decreto sicurezza bis per altro toglie alcune materie di competenza al Ministro dei Trasporti per trasferirli a lui, quando l'autorità giudiziaria si stava muovendo per attuare il processo nei riguardi del "sequestro di persona" si è avvalso dell'immunità parlamentare, nonostante avesse sostenuto precedentemente di avere "il popolo dalla sua". Egli ritiene che il più grande problema in questa nazione siano gli immigrati, nonostante costituiscano solamente l'8% della popolazione italiana, ma Salvini sostiene che si stia "svuotando l'Africa". Non sono state prese posizioni a livello etico nei confronti delle tangenti di Siri e lo stesso Ministro dell'interno fa giungere il sospetto alle menti più illuminate che in realtà stia cercando un nemico comune su cui convergere l'azione politica e acquisire sempre di più potere.

"L'attività amministrativa persegue i fini determinati dalla legge ed è retta da criteri di economicità, di efficacia, di imparzialità, di pubblicità e di trasparenza secondo le modalità previste dalla presente la legge e dalle altre disposizioni normative che disciplinano i singoli procedimenti, nonché ai principi dell'ordinamento comunitario''.

Così recita la parte introduttiva della legge 241/1990, una legge fondamentale sia agli occhi del Diritto Amministrativo che della Scienza dell'Amministrazione. Tale legge rappresentò il fulcro del processo di democratizzazione delle pubbliche amministrazioni nei riguardi dei cittadini, da quel momento attivi nella partecipazione ai processi decisionali delle P.A. favorendo per altro la comunicazione, ''politica'' fondamentale per la creazione di un connubio fra pubblici poteri e cittadini. Infatti tale legge di riforma sul procedimento amministrativo, diede le basi per la creazione negli anni 2000 di un'amministrazione informatizzata e digitalizzata, sul piano teorico nei riguardi della massimizzazione del lavoro e nel minimo periodo di tempo per attuare l'erogazione dei servizi amministrativi. Sono profondamente colpito anche per via che i successivi iter parlamentari e governativi che resero concreto il rinnovamento della democratizzazione nel potere amministrativo diedero un impulso notevole alla nostra nazione, prima agli inizi degli anni 2000 ad utilizzare le tecnologie informatiche e telematiche per erogare servizi al cittadino. Tuttavia non posso altro che provare dispiacere per un'amministrazione semplificata giuridicamente e ''perfetta'' sotto il piano teorico che non è stata agevolata agli inizi della prima metà degli anni 2010, in quanto sopraffatta da un governo sinistroide e incapace di provvedere ai bisogni del cittadino per quanto riguarda il settore pubblico. Soprattutto bisogna fare memoria che quando la legge 241/1990 venne approvata, il Partito Liberale rappresentava il ''non plus ultra'' per il benessere del cittadino a livello sociale e anche tale legge riprende in parte un'ideologia appartenente alla cultura liberale e costituzionalista.

A partire dagli anni '80 ogni realtà nazionale retta da un sistema politico sui principi della democrazia rappresentativa, ha subito una profonda evoluzione anche nell'impianto economico. Mi sembra necessario affermare che gli USA e la Gran Bretagna hanno attuato una politica economica neoliberista. Il New Public Management rappresenta la costante economica che ha permesso il processo di modernizzazione liberale. Il Liberalismo visto sotto questa prospettiva ha permesso di attuare il binomio fra pubblico e privato nel settore lavorativo, definendo un'economia statale condizionata dalle prospettive vantaggiose della filosofia della privatizzazione, come ad esempio il processo di costituzione delle agenzie, digitalizzazione e informatizzazione del sistema amministrativo, con la graduale eliminazione dello "spoyl sistem" ovvero eleggere coloro che svolgono funzioni amministrative sulla base del principio di elezione politica. L'economia della destra neoliberista è l'unica filosofia che permette lo sviluppo graduale e costante del mercato, costituendo nuove opportunità di lavoro in maniera "naturale". Inutile mi sembra, l'attuazione del confronto con la distopia economica sinistroide che produrrebbe solamente povertà, come per altro è stato osservato nella storia (Cuba, Albania, Cina, Unione Sovietica)…

Come ulteriore approfondimento relativo ai principi chiave in materie politiche, economiche e sociologiche della realtà liberale, è mia premura sottolineare quali siano le minacce per il mondo liberale. In questo mondo, tranne la nostra nazione vi sono profonde vittorie politiche negli stati più avanzati del Liberalismo, in particolare all'interno del mondo anglosassone e anche in paesi dell'Est Europeo sopravvissuti alle dinamiche politiche instaurati dalle minacce provenienti dal mondo politico della sinistra.

Economia:

L'unica chiave per realizzare un perfetto equilibrio economico nella nostra realtà nazionale è rappresentato dell'attuazione completa della filosofia della privatizzazione. Il mercato non si equilibra in maniera naturale come teorizzato da Adam Smith, ma riprendendo Keynes è funzionale un totale intervento dello Stato che deve divenire l'unico imprenditore reale della società. Le imprese economiche devono essere supportate dallo Stato, in chiave interventista per aiutare imprenditori che si trovano sopraffatti dalla crisi economica attuale. Uno Stato in funzione di equilibrio artificioso dell'economia, aiuta ma non chiede nulla in cambio, un aiuto supportato da un controllo difensivo per evitare che vi sia una realtà totale pubblicista in ambito economico. L'economia controllata totalmente dallo Stato non è altro che una totale distopia, basti pensare alle innumerevoli imprese pubbliche ove lo Stato è un guardiano pronto ad attaccare ed eliminare eventuali dissidi. Uno Stato che controlla i cittadini, la società e anche l'economia, quindi come ulteriore fondamento di un'economia liberale, è puntuale l'applicazione della dottrina della razionalità economica funzionale per evitare gli assurdi principi di Karl Marx, trasparente che come politica economica il mezzo più funzionale di produzione e distribuzione delle ricchezze è il capitalismo della destra economica neoliberista.

(Tratto dal romanzo antologico ''Storie di Metafantasia'' di Giulio Romano Carlo)

In quanto giovane autore di narrativa, ormai è consolidato il mio ingresso nel mondo della letteratura, pongo attenzione su una riflessione del mio romanzo filosofico ''Storie di Metafantasia'' (Edizioni Progetto Cultura, 2019) inerente alla sfera politica.

''Il governo più giusto è il governo democratico in cui è presente un'impronta utopica sia a livello filosofico che a livello etico. Infatti sappiamo che un governo democratico rappresenta un punto di svolta nella politica perché rappresenta un ente che possiede conoscenze profonde, ma non abbastanza radicate come quelle dei suoi consiglieri che dovrebbero indirizzarlo sulla giusta via:infatti un governante non può consigliare, perché le sue conoscenze non sono abbastanza radicate, mentre un consigliere non può governare perché i valori materiali che possiede lo porterebbero alla corruzione e non ascolterebbe i consigli di nessun'altro.

In una città o in uno stato perfetto deve vigere una legge o una giustizia perfetta dove esistono le stesse pene per determinati reati, e soprattutto non deve essere presente la morte come punizione perché la morte non porta sofferenza quanto la reclusione in un carcere, dato che in un ambiente di reclusione si capirebbe di non poter condurre una vita normale, e non c'è migliore punizione per un ente razionale se non quella di non poter condurre una vita normale. Questo governo potrebbe apparire una monarchia ma, in realtà, è una democrazia poiché a governare sono i consiglieri che tramite i loro consigli portano sulla giusta via chi governa. Al di sotto dei consiglieri deve essere presente la classe media, coloro che effettuano lavori utili per il benessere della comunità sia a livello scientifico che umanistico. Ogni esponente della classe media deve avere un compenso a seconda del contributo lavorativo che fornisce alla sua comunità; in uno stato perfetto non devono esistere schiavi, o persone che non sono retribuite per il lavoro che compiono, ogni persona che entra a far parte di uno stato deve contribuire al benessere della comunità e non devono esistere guerre e conflitti, ma l'identità nazionale di uno stato si deve mantenere anche all'interno di un contesto linguistico capace di far sentire l'identità di un popolo. Le guerre servono a disgregare l'identità nazionale di un popolo e a portare solo corruzione a chi governa, grazie all'acquisizione di valori materiali che portano alla totale distruzione delle norme e delle convezioni che regolano la vita sociale di ogni individuo nel suo ruolo socio-politico all'interno di uno stato.

In uno stato perfetto non devono esistere reietti, delle persone che vivono alla spese del governo, tutti devono contribuire con un lavoro e devono ricevere istruzione e, a seconda del livello di istruzione ricevuta, avere un ruolo all'interno della società; tutti hanno diritto all'istruzione in modo da poter emergere in ogni particolare contesto; chi rifiuta l'istruzione è meglio che venga esiliato e abbandonato da tutti, perché non permette alle proprie capacità di avere un fine ispirato alla felicità."

È una tautologia dire che tale passo corrisponde perfettamente alla mia visione socio-politica, basi su cui fondare un liberalismo mutuato dai principi positivi sia del conservatorismo che del progressismo. Tali parole devono essere soggette ad una mirata interpretazione funzionale alla critica ma anche agli spunti su cui costruire il nuovo sogno liberale.

Dialettiche Politiche

In relazione alla visita del Ministro dell'interno Matteo Salvini al Presidente Americano Donald Trump, emerge una questione politica a livello di interessi non indifferente. Partendo dal

presupposto, sulla vicinanza ideologica, (
entrambi appartengono all'area del populismo di
destra) nasce una via trasversale che
ipoteticamente allontana l'Italia dal vertice fra
Conte e la Cina. In questo mio breve accenno
 emergono diversi quesiti, come:

1. Può ritornare un trionfo dell'estrema destra
economica?
2. Il Governo da chi è retto realmente?
3. L'intesa politica fra Salvini e Trump, allontana
l'Italia dalla prospettiva europeista di cui noi
liberali siamo a favore in maniera radicale?

Tali questioni sicuramente discuteranno

interesse a livello internazionale per quanto

riguarda il nostro paese, anche se in questo

momento non si possono comprendere a pieno

gli eventuali sviluppi, che ora si basano

solamente sul piano dell'ipotesi.

Riflessioni su contraddizioni politiche

Oramai a quasi un anno, dall'inizio del governo "giallo-verde" (Lega Nord, Movimento 5 Stelle) sono stati tanti gli avvenimenti che hanno prodotto diverse reazioni sociali, soprattutto per via delle azioni del Ministro dell'interno Matteo Salvini, continuamente citato da parte degli esponenti del Partito Democratico (Nuovo Partito Comunista) per ogni questione ed eventi che succedono ,quasi come una sorta di capro espiatorio. In particolare, gli esponenti del PD parlano di questa "propaganda all'odio" che ha influenzato parecchi giovani , inducendoli a pensare realmente che Salvini può far ritornare questo paese con una delle Costituzioni più Democratiche in assoluto nella realtà politica al totalitarismo fascista di estrema destra. Mi dispiace dirlo, ma da giovane liberale e soprattutto da giovane, sono molto intristito di questo in quanto lo stesso Matteo Salvini, ideologicamente non è un dittatore ma auspica una politica liberale orientata verso la destra, conservatorismo o nazionalismo liberale, per di più con la Costituzione Repubblicana (1948) non è propriamente possibile ritornare alla dittatura fascista, tanto per sfatare le paure di alcuni giovani Indottrinati da coloro che fanno parte della "Sinistra". Ma venendo al punto, perché il Partito Democratico con diversi esponenti di spicco indagati per Mafia Capitale, appalti e tangenti varie, attuatore in questa nazione di una "politica" buonista debbano essere considerati quasi come dei "salvatori", quando realmente hanno tradito lo Stato Italiano e rappresentano su ogni piano la corruzione della Politica e della società?

Sicurezza informatica

Bisognerebbe attuare politiche di prevenzione anche nell'etere? Il Web sommerso, spesso erroneamente confuso con il Dark Web, è l'insieme delle risorse informative del Word Wide Web (WWW) non segnalate dai normali motori di ricerca. Il Web è costituito da oltre 550 miliardi di documenti e 18 milioni di Gigabyte, mentre gli ordinari motori di ricerca ne utilizzano solamente 2 miliardi (nemmeno l'uno per cento). Secondo le più avanzate teorie dell'informazione il Web è suddiviso in 6 livelli: - Web Comune – il surface web dove operano server informatici e siti come Reddit; – il bergie web, ultimo livello accessibile senza particolari strumenti e conoscenze, ospita i risultati nascosti di Google. – il deep web, al quale si accede utilizzando speciali tipi di software e vi sono i canali di comunicazione fra gli hacker. – il charter web dove vi sono i forum nei quali si muovono criminali informatici, dediti sia allo spaccio di sostanze stupefacenti e anche al

traffico di armi. -il marianas web, che si dice comprenda l'80 percento di Internet e che i suoi contenuti siano del tutto sconosciuti. Premesso che la branca dell'apparato giudiziario che si occupa di attuare prevenzione informatica è la polizia postale, la quale agisce fino al terzo livello del WWW (Word Wide Web), non sarebbe anche opportuno attuare una reale attività di polizia informatica che possa prevenire tutti quei crimini che ogni giorno ''passano'' nella rete? Fra flussi di dati e informazioni sensibili?.
È già cosa nota, l'esistenza del Diritto dell'Informazione o del Diritto dell'Amministrazione Digitale, bisognerebbe attuare una vera e propria legislazione informatica per tutelare tutto ciò che non è presente nella realtà fisica e che quotidianamente si aggira nel Cyber-Spazio.

La teoria del ''razional-liberalismo''

Nonostante mi sia permesso di essere critico anche nei confronti del modello istituzionale Welfare, chiarisco che non è un modello che non può assicurare la libertà funzionale per spingere l'uomo all'autoconservazione ma tuttavia vi sono ancora quelle ''piccole incrinature'' che a lungo andare nel corso del tempo provocano disagio interiore nella prospettiva dello spirito all'individuo. Senza precisare quale sia la forma di Stato funzionale per realizzazione del benessere di ogni individuo, in quanto strutturalmente esiste già lo Stato Welfare, nonostante le disarmonie economiche la sua strutturazione dialettica permette l'accesso a questo filone teorico che non appartiene a me, o meglio mi appartiene come a tutti gli esseri umani. La dottrina sulla quale bisogna impostare i principi per costruire l'autoconservazione è la razionalità abbinata alla libertà, ciò che deve essere definito come razionaliberalismo.

L'uomo come essere pensate e fautore di ogni istituzione metafisica, mediante l'utilizzo della razionalità affidata all'intelletto servendosi della condizione di libertà spirituale attua azioni funzionali per la costruzione di eventi che non faranno altro che portare beneficio. In tale società, bisognerebbe comprendere che la libertà deve rientrare nei limiti imposti dalla legge (concetto metafisico) ma deve essere ''sfruttata'' nella maniera più ampia per poter realizzare azioni che renderanno l'uomo capace di ogni creazione istituzionale e realmente democratica. Infatti in tale società, gli errori sono molti, affidarsi a realtà politiche che non esistono o nemmeno hanno più un senso (neonazismo, neofascismo), non pensare oppure non agire secondo i propri pensieri comandati dalla propria sfera razionale. In questo mondo, non vi è molto spazio per il razionaliberalismo finché gli stessi individui non comprenderanno che tali ideali sono morti da tempo, e solo allora si potrà ricostruire, utilizzando le nostre facoltà riuscendo a raggiungere quell'armonia e soprattutto quel benessere che gli individui hanno come oggetto di discussione ma non fanno altro che renderlo, mediante le loro azioni non accostate alla razionalità, solamente un utopia.

La perversione del pensiero anarchico

Robert Paul Wolff agli inizi degli anni '60 pubblicò un saggio di filosofia politica che aveva come oggetto il pensiero anarchico, e anche su come l'anarchia fosse l'unica alternativa possibile ad una ''migliore forma di governo'', in quanto il potere stesso secondo l'intellettuale era contaminato dal sistema democratico e dall'esistenza di uno Stato. Wolff sostiene che lo Stato essendo l'autorità suprema, imponendo delle regole a tutti i consociati definisce ''confusione'' fra il concetto di autorità e di potere. L'obbedienza all'autorità deve essere distinta dalla ''paura'' dell'uomo di adottare una modalità di condotta differente a quanto prescritto dalle leggi.

I principi cardine della ''dimostrazione scientifico-politica'' di Wolff sono:

-L'uomo essendo dotato di libero arbitrio, è libero sul piano metafisico, è capace di scegliere e distinguere il bene dal male mediante il possesso della razionalità.

-L'uomo non è soggetto alla volontà altrui, in quanto completamente autonomo, l'autonomia si può perdere ma la propria responsabilità morale in quanto intrinseca, invece no.

-Non vi è alcuna risoluzione al conflitto fra la totale libertà morale che guida l'individuo nella realtà, la quale secondo Wolff è contrapposta all'autorità statuale concretizzatasi mediante l'insieme di norme che si fanno ordinamento giuridico.

Questo pensiero, seppur intellettualmente affascinante non è applicabile nella realtà. Wolff come molti anarchici, sono propensi alla sostituzione dello Stato con comunità organizzate fra loro, ove non esiste coercizione o regole di fondo, in quanto il concetto stesso della ''coercizione'' viene visto dal pensiero anarchico come un ''male''. Vi sono molte problematiche di fondo, potrebbero crearsi gruppi di sopraffazione, la situazione sociale mutuerebbe in uno ''Stato Delinquenziale'', completamente privo di regole che dovrebbero disciplinare i soggetti. Inoltre oltre alle notevoli ripercussioni sull'economia se realmente si costituissero queste ''comunità anarchiche'' vi sarebbe la maggior problematica nella produzione di ''una dottrina della non-violenza'' difficilmente applicabile, per via della conoscenza pedagogica della natura umana. Soprattutto nella realtà odierna, creare comunità di questo tipo è altamente indesiderabile soprattutto con l'avvento della globalizzazione.

La sfumatura del pensiero anarchico appartiene ad un area ''romantica'' ma anche politicamente perversa, in particolare immaginando realisticamente le conseguenze, chi commette trasgressioni verrebbe punito con la diffamazione, il pettegolezzo, l'ostracismo considerando anche le vie estremiste.

Ciò dimostra che l'anarchia non è un ideologia politica, ma solamente una forma di anti-filosofia che proietta la realtà in una dimensione non applicabile e nemmeno desiderabile.

Le condizioni per una rinascita liberale

L'Italia sta vivendo un momento non facile sul piano politico ed economico. Le insidie derivano dal nuovo governo "misterioso" nell'ideologia quanto in ciò che possa essere "praticamente" valido per il popolo italiano, il quale per altro dovrebbe esercitare la sovranità nonostante solamente alle ultime elezioni politiche del 2018 si è votato effettivamente. Un governo nato da "accordi di palazzo" ancor meno ''costituzionale'' rispetto alle precedenti esperienze politiche dove la sinistra deteneva l'esecutivo, in quanto governi puramente tecnici. I due schieramenti, il primo rappresentativo di una sinistra (rappresentativa della classe dirigente, non la ''reale sinistra'' di Berlinguer, per la quale almeno nella coerenza merita rispetto), il secondo, un movimento nato dal nulla, ultrainnovativo(almeno nelle apparenze), dalla tanto ripetuta ''democrazia diretta'' ad una deformazione ancora più radicale della democrazia rappresentativa, eliminando ogni forma di sovranità al popolo. Così è nato il governo PD-M5S, non rappresentativo di nessuna ideologia politica, con un programma di governo incomprensibile e per niente decodificabile sia nelle azioni che nelle intenzioni. Le tasse sulle merendine come nuovo esperimento politico, dal dicastero dell'istruzione o ''la scoperta dell'acqua calda'' dall'Interno con il ''presunto piano'' di redistribuzione dei migranti, per gestire il fenomeno dell'immigrazione. Si è parlato di alzare le tasse su diversi oggetti funzionali per il settore primario (ad esempio il gasolio per l'agricoltura) oppure i dazi sui prodotti alimentari italiani, con la conseguente introduzioni di prodotti stranieri i quali non sono nemmeno comparabili sul piano qualitativo alla produzione del ''puro mediterraneo''. Possibile che tali uomini politici, se così possono essere definiti, non comprendano che tali tasse non fanno che produrre una pressione fiscale che favorisce lo sviluppo dell'Economia ''Sommersa'' (categoria dell'Economia, produttiva di beni illeciti, non registrati nella contabilità dello Stato), quindi favorendo il lavoro nero e anche il lavoro grigio, gli stessi imprenditori del settore medio-piccolo non riescono a sostentare i costi e sono ''quasi costretti'' ad assumere lavoratori irregolari, lo stesso Stato crea una sorta di serpente che si morde la coda solo. Uno Stato che si sta sempre più distaccando dal modello del Welfare-Liberale, diviso fra chi per ''ignoranza''non è in grado di governare su una realtà dove almeno sono richieste competenze specifiche di Diritto ed Economia, oltre alla complessa arte della politica e chi per fare opposizione strumentalizza vicende altrui a scopo propagandistico. L'unica realtà politica, rappresentata dal Partito Liberale Italiano, fuori dai rigidi schematismi di destra e sinistra o di ''propagandismo'' o ''qualunquismo'' può far rinascere questa realtà, non essendo contaminato da incompetenza ma solamente da coscienza politica e civile, cultura e comprendere cosa sia realmente fare politica in questo paese.

VI.   Inapplicabilità del comunismo

La seconda premessa riguarda invece le interpretazioni distorte basate sui principi di volontà e di pensiero. Karl Marx, teorico del Comunismo, ammirò profondamente Hegel, tanto che riprese diversi aspetti del suo pensiero, la dialettica come principio di sviluppo del reale nella storia. Anche Marx era tedesco e anche lui si professò un hegeliano in gioventù anche se dopo il 1840 cominciò ad assumere un pensiero specifico dovuto anche al mutamento culturale del pensiero occidentale dovuto all'eredità lasciata dalla metafisica hegeliana. Karl Marx fu il teorico di un sistema filosofico che egli pensò applicato alla realtà tedesca fra il 1850 e il 1870, la dottrina marxiana non può essere professata come assoluta in ogni stato, poiché ogni realtà istituzionale vive una condizione economica, sociale, politica differente dalla Germania di metà

XIX secolo, citando un fattore fondamentale, il tempo.

Tale concetto, per quanto appartenga alla Fisica e non alla Politica, può essere adottato anche in contesti analoghi, poiché il tempo come motore della storia induce l'uomo a vivere in condizioni differenti, tanto diverse che alcune teorie applicate in un contesto temporale e sociale errato portano agli errori, in quanto l'uomo non riesce ad essere coerente con il proprio pensiero, con la propria volontà e finisce per non adottare di base, l'aspetto più naturale della natura umana, l'autoconservazione, sulla base di tali principi limitatori della libertà, sono stati prodotti i regimi totalitari indistinti dall'orientamento politico.

Le idee di Marx potevano essere contestualizzate nel suo periodo, ma non possono avere sbocco in altre realtà, poiché non sono idee che non hanno alle fondamenta i principi umani di libertà, volontà e pensiero. Esse sono basi metafisiche, ma permettono all'uomo di definire ogni sua vittoria all'interno della realtà sensibile, contestualizzata a tutte le dimensioni a cui l'uomo accede e produce mediante le sue azioni. Perciò, bisogna dire come Marx sia stato il teorico del comunismo, Fichte e Hegel a posizioni filotedesche ma paradossalmente non di estrema destra ma rivoluzionare e socialiste(il padre dell'idealismo Fichte, sosteneva che bisognava attuare un processo di nazionalizzazione economica in Germania), ma essi non sono coloro che hanno anche speculato nelle loro idee di creare regimi totalitari.

Conclusioni

In questo saggio ho cercato di definire gli aspetti più intrinseci del pensiero politico di destra. L'ultima questione, riguarda l'oramai diffuso stereotipo dell'intellettuale ''di sinistra'', definendo ulteriormente ''la psicologia del buonista sinistroide''. A partire dagli anni'80, con l'evolversi degli Stati Conservatori, crebbero in diversi climi culturali, la necessità di potersi opporre, producendo sempre di più manifestazioni insensate e diritti che mai sono appartenuti all'essere umano. Reagan, esponente del Partito Repubblicano, presidente degli USA durante quel periodo innovò fortemente la pubblica amministrazione, per via dell'introduzione del New Public Managament, la filosofia della privatizzazione economica nel pubblico che rese grande l'America da quel periodo in poi, soprattutto sul piano economico. Margaret Tautcher, Primo Ministro Britannico, fu ''autrice'' di una riforma della sicurezza che ridusse notevolmente il tasso di violenza negli stadi inglesi e in altri tipi di manifestazioni che spesso sfociavano nella violenza, tutto reso possibili grazie alla reale applicazione del pensiero politico della ''vera destra'' (ordine, rispetto e legge), tre concetti fondamentali opposti all'attuale sinistra, rappresentata da ''centri sociali'', persone prive di competenze culturali che per trasgredire la legge ed assumere comportamenti devianti (uso strabordante di alcol e cannabis) si identificano in una visione della realtà distorta. Non è possibile dialettica con tali figure presenti nella nostra società, pronti a richiamare Hitler e Mussolini in caso di attacco ''politico'', pronti a dare dell'ignorante a vanvera in caso di difesa. Oltre a questo, la sinistra attuale ha raggiunto ''popolarità'' attraverso la radicalizzazione di tale forma di pensiero nell'economia europea, il buonismo coadiuvato agli interessi di banche e dirigenti d'azienda, ha reso oramai una minoranza coloro che sono i veri idealisti. La Resistenza nella società dell'informazione, viene fatta a ''destra'' contro una sinistra che impone una dittatura economica e del pensiero, distorcendo la realtà a proprio piacimento, manipolando le masse, fautori di una politica apparentemente ''buona'' o meglio ''buonista'' ma che nasconde nella sua più triste realtà, interessi economici, finanziari e bancari considerevoli. Siamo nell'era nella ''discriminazione ideologica'', chi politicamente è di destra, subisce offese, insulti, emarginazione, non ha l'occasione di poter esprimere il proprio pensiero per altro da sempre inerente ai valori sui quali si è fondata questa Repubblica. Una radicalizzazione senza ''pari'', il sovranismo subisce colpi, subisce attacchi nonostante sia l'unico rappresentante del ''buon senso'' per questo paese. Viviamo in una realtà, nella quale anche le questioni più elementari vengono condannate, viene definita violenza, ''la difesa personale'', io vorrei chiedere se a questi signori predicatori di tale buonismo se subissero un'aggressione nella propria abitazione, assieme ai propri figli e alla propria moglie, se risponderebbero con una giusta difesa o accompagnerebbero con fiori e complimenti i malviventi alla cassaforte o a addirittura al peggio. Questa Sinistra, produce un ''masochismo'' del buon senso dell'essere umano, cresciuto per oltre 5000 anni con dei valori che si stanno stravolgendo fino a cambiare forse lo stesso concetto di ciò che è l'uomo. Una società, nella quale non vi è più una reale sicurezza, non vi è più ordine, non vi è più libertà di esprimere ciò che si pensa senza subire ''discriminazioni ideologiche''. Concludo semplicemente, ma dove si vuole arrivare a tutto questo? Sono forse ancora pochi coloro che si stanno rendendo conto, che tale momento è la più grave strage virtuale dell'umanità, annullando il libero arbitrio? Cosa realmente è giusto e sbagliato, la distinzione fra ciò che è ''bene'' o ''male?

Forse ciò non è realmente una sinistra,
una presunta fazione politica, ma è il
peggior masochismo ontologico che ha mai
subito l'essere umano, nella sua storia da
essere civile.

Giulio Romano Carlo